Pour Ava

Anne Etorre

Olympe

une cuisinière libre

Photographies Claire Curt

2024, Hachette cuisine (Hachette Livre)
58, rue Jean-Bleuzen – 92178 Vanves Cedex

Pour l'éditeur, le principe est d'utiliser des papiers composés de fibres naturelles, renouvelables, recyclables, et fabriqués à partir de bois issus de forêts qui adoptent un système d'aménagement durable. En outre, l'éditeur attend de ses fournisseurs de papier qu'ils s'inscrivent dans une démarche de certification environnementale reconnue.

Direction : Catherine Saunier-Talec
Responsable éditoriale : Lisa Grall
Responsable de projet : Marie Naudet
Responsable artistique : Nicolas Gallois
Mise en page : Mathilde Dubois
Fabrication : Amélie Latsch
Responsable des partenariats : Dana Lichiardopol
(dlichiardopol@hachette-livre.fr)

Dépôt légal : octobre 2024
39-0601-4
ISBN : 978-2-01-726624-2
Imprimé en Espagne

PAPIER À BASE DE FIBRES CERTIFIÉES

hachette s'engage pour l'environnement en réduisant l'empreinte carbone de ses livres. Celle de cet exemplaire est de :
1,7 kg éq. CO_2
Rendez- ous sur www.hachette-durable.fr

www.hachette-pratique.com
facebook.com/hachettecuisine

Famed Corsica gave the
world Napoleon, also
Corsica gave us 'Olympe'
A great lady and a great
chef who's food I so enjoy!
Francis Ford Coppola

« La Corse a donné au monde Napoléon, mais elle nous a aussi donné Olympe. Une grande dame et une grande cheffe dont j'apprécie tant la cuisine. »

Francis Ford Coppola

Préambule

Olympe a ouvert son premier restaurant à 23 ans en 1973, elle est la première femme chef à avoir obtenu trois toques et 18/20 au Gault & Millau, elle a aussi été la plus jeune femme chef étoilée en 1981.

Elle est totalement autodidacte, cuisine à l'instinct, et de très nombreux critiques gastronomiques français et étrangers ont loué unanimement sa cuisine aussi imaginative que savoureuse.

Elle est aussi la première femme chef à avoir réalisé des recettes de cuisine en direct à la télévision, puis à la radio. Elle a délivré des recettes dans *Le Figaro* pendant de nombreuses années.

Elle a été une star des années 1980 et a eu le monde à ses pieds.

Elle a toujours été libre.
Elle a tout fait avant tout le monde.

Elle a été la cheffe des *Bains Douches* et des restaurants du Virgin Megastore.
Elle est, avec Yves Camdeborde, l'une des pionnières de la bistronomie.

Elle a cuisiné pendant quarante ans, mais se souvient-on d'Olympe ?

Avec ce livre, je veux lui rendre hommage, la remettre à la place qu'elle mérite et laisser une trace de son parcours singulier.

Anne Etorre

>
Olympe en fraise de veau photographiée par son amie Monique Duveau - 2017

Sommaire

Chronologie

4 août 1950	Naissance à Paris
avant 1963	Études au lycée de Brignoles
1963	École des Beaux-Arts à Toulon
1964	Conservatoire d'art dramatique à Toulon
1968	Faculté de droit à Paris où elle rencontre Albert Nahmias avec lequel elle se marie en 1971
1969	Naissance d'Abel son premier enfant
1973	Ouverture du *Restaurant d'Olympe* rue du Montparnasse dans le 14e arrondissement de Paris
1974	Première toque au Gault & Millau
1977	Deuxième toque au Gault & Millau
1978	Rencontre avec Ève Ruggieri. Pendant trois ans, Olympe va intervenir dans son émission *Le regard des femmes* sur TF1
1978	Ouverture du sixième étage de Bloomingdale's à New York
1979	Déménagement rue Nicolas-Charlet dans le 15e arrondissement
1979	Trois toques et 18/20 au Gault & Millau
Août 1979	Début d'une chronique quotidienne sur France Inter
1980	Parution de son premier livre de recettes, *La cuisine d'Ève et Olympe* aux Éditions Mengès
1981	Une étoile au *Guide Michelin*
1982	Parution de son deuxième livre, *La Cuisine d'Olympe*, et participation à l'émission *Apostrophes* aux côtés de Paul Bocuse et d'Alain Senderens, entre autres chefs.
1983	Six semaines au Japon pour la chaîne de grands magasins Takashimaya.

1985	Olympe est décorée en tant que chevalier des Arts et des Lettres
1985-1988	Olympe imagine la carte du restaurant des *Bains Douches*
1987	Elle dirige les cuisines des deux restaurants du *Guanahani* à Saint-Barthélémy, la meilleure table des Caraïbes
1987	Olympe, Albert Nahmias et Marcel Chiche ouvrent le *Comptoir* (restaurant de tapas)
1988	Elle se sépare d'Albert et quitte le restaurant du 15e arrondissement de Paris
1990-1993	Elle élabore la carte des trois restaurants du Virgin Megastore à Paris, Marseille et Bordeaux
1990	Contributions à *Côté Sud* (Corse et Maroc)
1991	Parution de son troisième livre, *Ma cuisine de A à Z*, chez Albin Michel
1993	Ouverture de *Casa Olympe* dans le 9e arrondissement de Paris
2003	Parution de son quatrième livre, *Olympe, La gourmande impatiente*, chez Robert Laffont
2013	Vente de *Casa Olympe*

« On ne fait pas boire un âne qui n'a pas soif. »

De l'enfance en Provence à la vie parisienne

1

Les premiers pas d'Olympe dans une cuisine remontent à la fin des années 1950 en Provence. Elle vit alors à Méounes-lès-Montrieux, petite commune du Var à mi-distance entre Brignoles et Toulon, où sa maman, Olympe Silvy, est propriétaire du restaurant *L'Auberge de la Source*. Avant son enfance provençale, elle a vécu ses trois premières années à Paris avec son père et l'une de ses belles-mères.

Même si elle n'est pas autorisée à mettre son nez en cuisine, Dominique, c'est son premier prénom, n'hésite évidemment pas à braver les interdits pour aller observer ce que le chef mitonne. Très jeune, elle est attirée par le goût des bonnes choses. Sa maman cuisine peu et c'est Marie, la cuisinière de la maison familiale, qui initie Olympe à la cuisine. Elle découvre, entre autres délices, la suçarelle, un ragoût de petits escargots avec des herbes, des lardons et des tomates. Elle se régale aussi des spécialités de Marie qui cuisine divinement les raviolis à la daube, les pâtes à la bolognaise, la terrine de lapin, la polenta ou encore un minestrone d'anthologie.

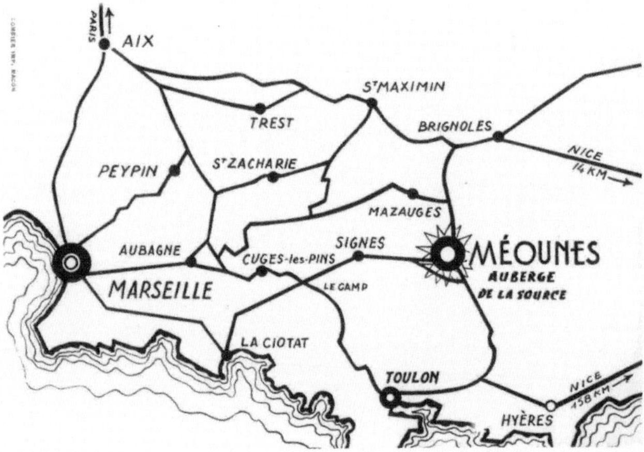

>
Plan d'accès à l'auberge dessiné par la maman de Dominique - 1954

Olympe Silvy est artiste peintre. Elle a étudié aux Beaux-Arts de Toulon où elle fut l'élève d'Eugène Baboulène et Henri Pertus, tous deux peintres de l'école provençale contemporaine. Elle est remarquée par le grand peintre Othon Fries qui encouragera ses parents à l'envoyer à Paris où elle ira suivre les cours des Beaux-Arts puis des Arts décoratifs. Revenue à Toulon, elle fréquente les peintres de l'école provençale contemporaine et expose régulièrement dans la région. Elle possède aussi une boutique d'antiquités dans le village. Elle achète tellement de meubles qu'elle ouvre même une deuxième boutique à l'auberge pour exposer ses trouvailles.

Lorsqu'elle n'est pas sur les bancs de l'école communale, Dominique grimpe à l'arrière de la 2 CV de sa maman et l'accompagne dans la garrigue autour de l'auberge. Elle s'initie à la peinture aux côtés de sa mère quand elle n'organise pas des enterrements d'oiseaux car, si elle trouve un volatile mort, elle creuse une tombe, plante une croix et organise des funérailles en grande pompe…

Avant de partir sillonner la campagne avec sa mère, Dominique a pris le soin de chiper dans la cuisine du restaurant de quoi cuisiner un frichti pour elles deux. Elle a 7 ans et vit ses premières expériences culinaires : allumer la braise (une marotte qui la suivra toute sa vie) pour cuire des côtelettes ou bien réaliser une sauce tomate dont elle reproduit encore aujourd'hui la recette à l'identique. Elle construit les débuts de sa palette de goûts avec le souvenir des pêches cueillies chaudes dans les vignes…

^
Façade de *L'Auberge de la Source* - 1958

>
Dominique à Méounes - 1957

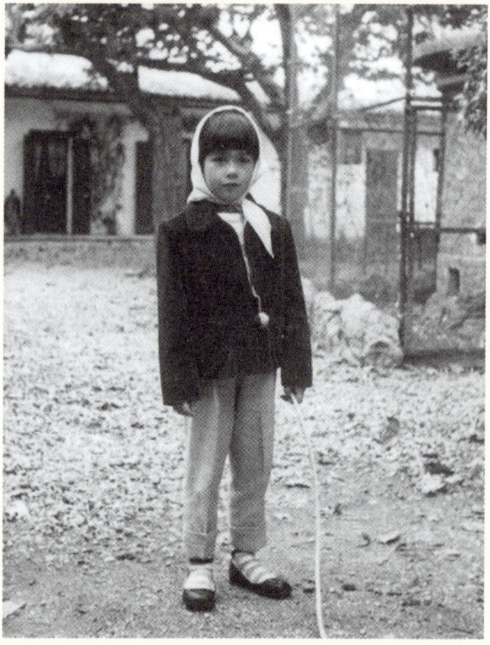

Portrait de Dominique
en arlésienne avec son
chien Vandale par
sa maman - 1955
V

<
Dominique
à Paris - 1952

L'été à Méounes -
1954
v

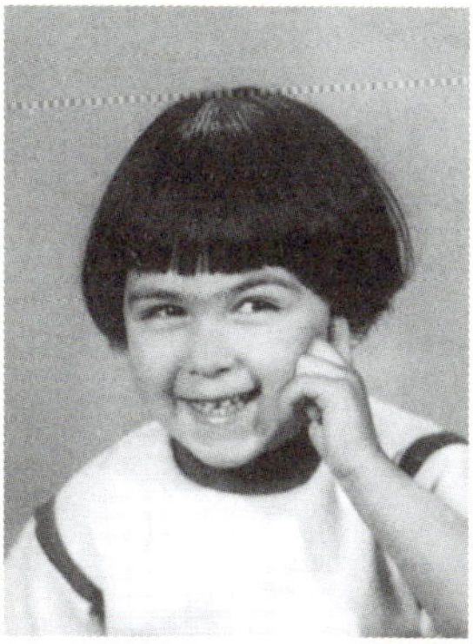

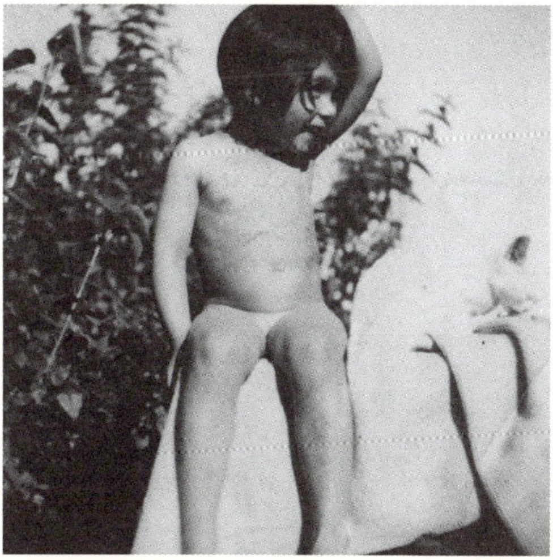

^
Portrait de Dominique
chez un photographe
à Toulon - 1955

Dominique et son amie
Sophie au lavoir de la
source avec Marie - 1956
v

>
Louisette au service de L'Auberge peinte par la maman de Dominique - 1961

Marie et Piou peints par la maman de Dominique - 1956
v

Olympe à *L'auberge de la Source* - 2024

^
Les collines au-dessus
de Méounes peintes
par la maman
de Dominique - 1957

<
Portrait d'Olympe Silvy
par Marius Echevin - 1934

>
Méounes - 2024

>
Dominique à Méounes -
1958

Dominique sur les traces
de sa maman - 1957
v

^
Portrait de sa maman
par Dominique - 1961

Cette sauce tomate est la première recette qu'Olympe a confectionnée enfant. Elle la réalise toujours à l'identique aujourd'hui.

• Dans un petit poêlon, faites revenir 2 gousses d'ail épluchées et émincées dans 1 cuil. à soupe de concentré de tomates et 1 cuil. à soupe d'huile d'olive.
• Lorsque le mélange grésille, ajoutez un peu d'eau puis des dés de tomates, du thym et quelques morceaux de cornichons.
• Laissez mijoter l'ensemble quelques instants avant d'imbiber des morceaux de pain qui accompagneront les côtelettes cuites à la braise.

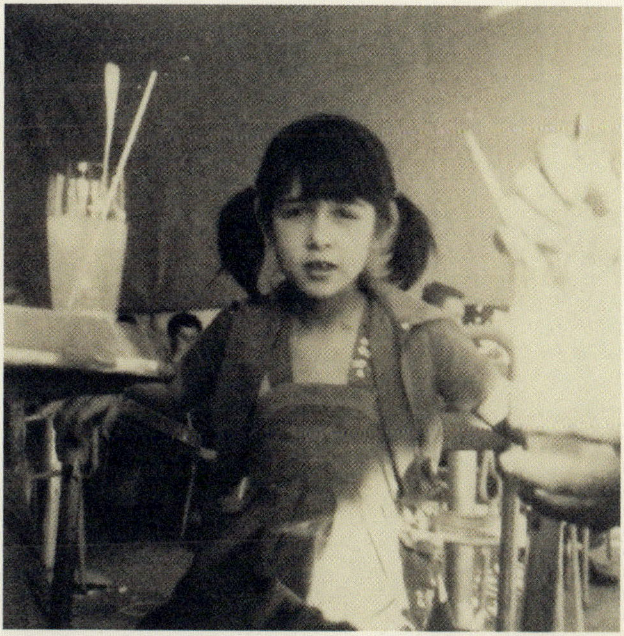

>
Dominique au Lavandou - 1956

Lorsque les enfants étaient turbulents, la maîtresse les punissait en les enfermant dans le placard du fond. Le grand jeu de Dominique consistait à entraîner ses camarades et être ainsi enfermés à plusieurs dans le placard...

MEOUNES
P M
57-58

Les années passent et le collège, où elle est pensionnaire, l'éloigne de Méounes. Elle part le lundi matin à Brignoles d'où elle ne rentre que les week-ends. Le dimanche, elle fait de la pâtisserie qui ne l'intéresse pas – elle n'a jamais aimé le sucre – mais qui lui sert de monnaie d'échange. Au collège, Dominique fait du troc : une part de gâteau contre du saucisson, du jambon ou, encore mieux, le gras du jambon, sa deuxième passion. La première est pour les cornichons dont elle se remplit les poches avant de quitter *L'Auberge* pour faire des cabanes ou des promenades sur son âne Pipo.

Lorsqu'elle entre en sixième, Dominique ne comprend pas ce qu'on attend d'elle. Elle s'assied en classe et ne fait rien de ce que les professeurs lui demandent. Elle ne sait pas pourquoi elle est là et ne travaille pas. Elle ne dérange personne, ne parle pas, n'est pas dissipée, elle passe toutes les heures de cours à lire. Souvent des œuvres peu adaptées à son jeune âge, au grand dam de ses professeurs, mais qui l'intéressent bien plus que le programme de sixième, comme *Vingt ans après* d'Alexandre Dumas qu'elle parcourt avec délectation en cours de mathématiques…

Alors qu'elle s'apprête à tripler sa troisième, son père, absent depuis qu'elle est toute petite, vient s'installer à Méounes. Pierre Versini est un personnage haut en couleur. Marié six fois, il est père de sept enfants. Originaire de Corse, il est avocat, digne héritier d'une lignée d'illustres défenseurs : son père, d'abord, grand avocat parisien, son oncle César Campinchi, ensuite, avocat mais aussi ministre de la Marine de guerre, puis garde des Sceaux sous la IIIe République, et un de ses beaux-pères, enfin, qui a été le premier magistrat antillais à intégrer la Cour de cassation en 1946.

<
Dominique en sixième au collège de Brignoles - 1961

v
Olympe Silvy sur la Côte d'Azur - 1937

Pierre Versini
en Argentine - 1936

Si Pierre Versini emprunte la voie tracée par ses ancêtres, il s'égare en se livrant à des activités de faux monnayage. Il fait preuve de beaucoup d'amateurisme et l'affaire périclite immédiatement, ce qui ne l'empêche pas de passer de l'autre côté de la barre et d'écoper de huit ans à l'ombre. Contraint d'abandonner sa carrière d'avocat, il a donc du temps à consacrer à Dominique qu'il décide de déscolariser pour pratiquer l'école à la maison.

Dès 8 heures du matin, il lui enseigne le français, l'histoire, le latin, faisant l'impasse sur les mathématiques et les langues étrangères, matières jugées facultatives...

Il participe aussi à son éducation au goût puisqu'il a pris ses quartiers dans la cuisine de *L'Auberge*. Il a toujours été passionné de gastronomie et de produits, la transition des tribunaux vers les fourneaux se fait donc tout naturellement. Il s'occupe des achats et s'implique dans l'organisation du restaurant quand il ne s'incruste pas carrément derrière le passe. C'est un véritable aventurier de la gourmandise.

Il n'y a pas la télé chez les Versini. Le soir, à la veillée, le père lit des recettes comme il raconterait des histoires. Tout le monde est tenu de l'écouter religieusement alors qu'il déclame des listes d'ingrédients ou un pas-à-pas.

En 1965, il offre à Dominique son premier livre de cuisine, *Gastronomie pratique* d'Ali Bab, du pseudonyme de son auteur Henri Babinski, ingénieur des mines et passionné de gastronomie. Cet ouvrage pratique contient à la fois des recettes mais aussi des textes sur l'histoire de la cuisine et des aliments. Un livre ne contenant ni photo ni illustration, mais des recettes d'une précision imparable et une somme corrigée et augmentée par son auteur à chaque nouvelle impression. Il s'agit d'un des ouvrages de référence de la gastronomie du début du XXe siècle avec *Le Guide culinaire* d'Auguste Escoffier.

Pierre Versini a la volonté de transmettre à sa fille sa passion pour le goût des bonnes choses, lui qui est capable de courir le département pour une simple baguette.

Dominique garde encore précieusement ce livre dans sa bibliothèque

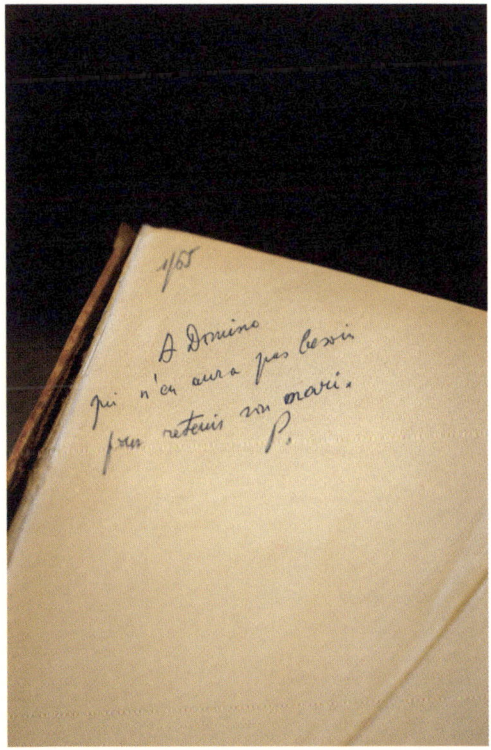

Il fréquente assidûment le marché de Hyères où les primeurs rivalisent de fraîcheur. Il fait venir la viande de la boucherie Marbeuf à Paris, il privilégie la volaille de Bresse et il veille attentivement au respect des saisons. Lorsque le bassin de *L'Auberge* ne suffit plus à contenter les clients en truites ou en écrevisses, il s'adresse à M. Hugou. Ce dernier vient livrer avec sa fourgonnette sur laquelle il a installé un énorme vivier rempli de truites et d'écrevisses. Dominique ne perd pas une miette du spectacle.

De sa mère, elle va hériter d'une manière de voir, du sens de la couleur, une source d'inspiration qui la suit encore lorsqu'elle compose ses assiettes. À son père, elle emprunte l'art de sélectionner les meilleurs produits. Plus tard, lorsqu'elle voyage en France, sa voiture ressemble à une épicerie ambulante.

Dominique commence à confectionner ses premiers plats alors qu'elle est encore très jeune, et l'une de ses spécialités, des tranches de contre-filet marinées dans de la sauce soja et sautées avec du riz et plein d'herbes, devient vite l'une de ses recettes incontournables. Des réfugiés vietnamiens sont installés dans le village et c'est auprès de la mère de famille que Dominique découvre la sauce soja, un condiment nouveau qu'elle ne cessera jamais d'utiliser.

Elle ne retourne pas à l'école. Outre les cours dispensés par son père, les professeurs particuliers se succèdent à la maison. Mais ça ne l'intéresse définitivement pas et « on ne fait pas boire un âne qui n'a pas soif », expression favorite de son père à son endroit. Elle est dyslexique, gauchère (on a évidemment essayé de la contrarier, peine perdue), ce qui ne facilite pas une scolarité épanouie. Puisqu'elle manifeste un don doublé d'un intérêt pour la peinture, ses parents demandent à un ami de l'accueillir dans sa classe aux Beaux-Arts de Toulon. Elle a 14 ans et suit les cours avec des jeunes gens de quatre ans ses aînés…

>
Dominique étudiante
à Toulon - 1965

>
Classe du conservatoire
de Toulon - 1965

Toulon est aussi la ville où réside sa grand-mère piémontaise Ludovica, la mère de sa maman, une femme gaie, drôle et fantasque qui a beaucoup marqué Olympe. Ensemble, elles vont au cinéma permanent où elles visionnent parfois le même film trois à quatre fois d'affilée. Olympe fait ainsi son initiation à Fernandel et Raimu.

Elle découvre aussi la passion de sa grand-mère pour les courses de chevaux après l'avoir maintes fois entendue dire qu'elle « va aux books » sans comprendre cette expression inconnue. Son aïeule est tout aussi avant-gardiste que le sera sa petite-fille puisqu'elle pratique le « airbnb » avant l'heure en sous-louant des chambres dans son appartement alors qu'elle a 78 ans : il faut bien se renflouer après les courses. Elles vont aussi ensemble à la Salle des Ventes de Toulon, et c'est sans nul doute là qu'est née la passion de Dominique pour la chine.

Enfin, c'est avec Ludovica qu'Olympe apprend la véritable recette de la polenta, celle qu'on tourne une heure sans s'arrêter dans un poêlon avec une cuiller en bois.

En même temps que les Beaux-Arts, elle s'inscrit au conservatoire d'art dramatique où elle reste deux ans et joue, entre autres, le rôle de Rosine dans *Le Barbier de Séville*. Elle obtient un premier prix de comédie et lâche petit à petit les Beaux-Arts.

<
Dominique dans le rôle de Rosine - 1965

21
MAITRE
RESTAURATEUR
Glaces

<

La boîte aux lettres existe toujours au 21, boulevard Morland

À la veille de ses 16 ans, elle décide de venir à Paris et s'installe chez sa sœur aînée Myriam à laquelle le père a confié le rôle de chaperon. Elle présente le concours de l'école de théâtre de la rue Blanche mais la timidité l'emporte, elle est recalée. Elle prend un temps des cours particuliers avec Yves Furet, comédien connu de l'époque et fondateur du SEAD, Studio d'entraînement de l'acteur. Il met en pratique les méthodes de l'acteur russe Stanislavski fondées sur la mémoire affective et le propre vécu des acteurs.

Elle ne sait pas ce qu'elle veut faire, est assez oisive et profite de la vie parisienne en allant à la patinoire en bas des Champs-Élysées, au drugstore et au cinéma. Ce n'est pas du goût de son père qui tient à ce qu'elle acquière une culture générale. Depuis Méounes, en digne enseignant qu'il est, il lui envoie des devoirs à faire. Il a repéré une boîte aux lettres à côté de la bibliothèque de l'Arsenal et, pour s'assurer qu'elle a bien fréquenté l'établissement, elle doit lui envoyer les devoirs depuis cette boîte, le cachet de la Poste faisant foi.

Elle s'exécute un temps mais, lasse de lire Pascal ou Lamartine, elle continue surtout de fréquenter la bibliothèque pour assouvir sa passion pour le cinéma et lire les biographies de grands réalisateurs dont celle de Sergueï Eisenstein, dont elle a vu le film *Le Cuirassé Potemkine* à l'âge de 8 ans et qui la passionne.

Elle complète sa culture cinématographique en allant quatre fois par jour au cinéma. Son programme est réglé comme du papier à musique : elle commence par la séance de 10 heures aux 3 Luco (devenu les 3 Luxembourg) puis file à l'Actu Champo enchaîner deux films avant de retourner à la dernière séance des 3 Luco.

Née dans une famille où il est de bon ton d'embrasser la profession d'avocat, Dominique a déjà pris beaucoup de libertés avec la tradition, elle concède donc une année de droit à son père qu'elle effectue à Assas sans grande conviction.

En mars 1968, à 17 ans, elle fait la connaissance d'Albert Nahmias au *Petit Bar* de la rue Saint-Jacques dans le 5e arrondissement. Ils ne se quittent plus, et Abel, leur premier enfant, naît l'année suivante. Ils se marient en 1971 à la mairie du 14e arrondissement à la majorité d'Olympe.

Albert est étudiant en sociologie à Nanterre. Les deux amoureux tirent le diable par la queue et vivent de petits boulots, elle dans une boutique de vêtements, lui en faisant des enquêtes payées 20 francs l'unité et remplies par sa bande de copains.

<
Dominique Versini - 1968

\>
Albert Nahmias -
1968

Un peu plus tard, Dominique fait une formation accélérée chez Pigier, une école de secrétariat très réputée et, son fils sous le bras, va travailler tous les matins chez sa sœur Myriam, avocate comme son père et son frère Jean-Pierre.

Ils sont insouciants. Ils vivent rue Delambre, dans un appartement sous-loué par un ami de Jean-Pierre, font la fête chez Myriam, fréquentent *La Coupole* et *Le Select*…

Dominique a le rêve secret de devenir styliste et de dessiner des vêtements. La mode la passionne et l'a toujours passionnée. Elle a comme référence la boutique Ter et Bantine, ouverte en 1967 par Chantal Thomass et son mari Bruce au moment où le prêt-à-porter connaît sa grande période. Le destin va en décider autrement.

>
Portrait de Dominique
au fusain par un amoureux
transi - 1967

« Je suis née gourmande, me voilà cuisinière. »

Le premier restaurant

2

Au printemps 1972, Dominique et sa maman se promènent dans le quartier. Le hasard de leur flânerie les emmène rue du Montparnasse, une rue que Dominique n'emprunte pourtant jamais. Au 54, un panneau « bail à céder » les interpelle : un coiffeur alsacien, à l'aube de sa retraite, vend le salon dans lequel il vit aussi pour une bouchée de pain. L'occasion est trop belle.

Albert et Dominique se démènent pour réunir cette somme et acquérir le fonds de commerce. Dominique a toujours en tête de « faire de la mode ».

Lors de la signature du bail, ils font la connaissance de la propriétaire de l'immeuble.

Elle est à la tête de plusieurs affaires dans le Sentier, haut lieu de la confection textile. Elle leur déconseille ce secteur d'activité « trop difficile » et inscrit « tous commerces » sur le bail, leur laissant ainsi la possibilité d'entreprendre d'autres activités que la mode.

Le soir de la signature, avec les copains étudiants d'Albert et autour du fameux tartare de pommes de terre de Dominique, les discussions vont bon train quant à la destinée de cette nouvelle acquisition. Puisque la mode n'a pas bonne presse et que Dominique a un vrai don pour la cuisine, pourquoi ne pas ouvrir un restaurant ?

François Ruggieri, ami du jeune couple, se souvient de cette époque : « On dînait souvent chez eux, et Dominique avait l'art de cuisiner des plats formidables avec très peu de choses dans leur minuscule appartement de la rue Delambre. On était tous fauchés et on cherchait comment gagner notre vie. Un soir, ils nous annoncent qu'ils vont ouvrir un restaurant. On s'est tous dit que c'était une drôle d'idée, mais pourquoi pas. Un an après, le restaurant était ouvert et on dînait entre Catherine Deneuve et Coppola, c'était un choc. »

Pendant plusieurs mois, Dominique et Albert vont « bricoler » pour transformer l'ancien coiffeur pour dames en restaurant. Lui au plâtre et à la peinture, elle à la couture des banquettes et à la recherche de la vaisselle. Ils font tout avec les moyens du bord.

>
Dominique - 1973

TRUCS ET LES PLUS D'OLYMPE
Bonne nouvelle : vous allez découvrir en avant-première et en exclusivité le nouveau livre d'Olympe Nahmias, qui propose une cuisine simple, fine, rapide et facile à réussir. Olympe, un prénom mythologique pour une jeune
e de déesse
Dominique Namias est la patronne et la "chef" du restaurant "Olympe" à Montparnasse.
Lapin
en
paquets
Pour les pommes chips : 6 belles pommes de terre (bintje ou BF 15), un bain de friture.
Notre
nes :
carotte
500 g
frisée,
orange,

Pour
4 personnes

Tartare des vaches maigres

4 cornichons
3 oignons blancs (ou 3 échalotes épluchées)
4 pommes de terre
1 tranche de lard fumé
4 jaunes d'œufs
1 botte de ciboulette
1 botte de persil
4 cuil. à soupe de ketchup
4 cuil. à café de sauce gingembre (recette page 255)
4 cuil. à café de sauce picanta (recette page 255)
Huile d'arachide

• Coupez les cornichons en petits cubes, ciselez les oignons (ou les échalotes), les herbes, et répartissez ces ingrédients tout autour de l'assiette en ajoutant 1 cuil. de chaque sauce.

• Épluchez et coupez les pommes de terre en cubes d'environ 1 cm et faites-les frire dans l'huile à 180 °C (th. 6) pendant 7 à 8 min.

• Coupez le lard en petits morceaux et faites-les revenir dans une poêle.

• Placez les pommes de terre au centre de l'assiette, déposez les jaunes d'œufs au milieu des pommes de terre, ajoutez le lard et mélangez avant de déguster.

Un de leurs amis est en pleine construction d'un café-théâtre, ils partent ensemble à la recherche de carrelages et matériaux divers à prix compétitifs. Dominique chine un vieux fourneau à Stains, achète des réfrigérateurs, aménage un semblant de plan de travail, et *Le Restaurant d'Olympe* ouvre ses portes en octobre 1973. Dominique le nomme ainsi en hommage à sa maman et, à partir de ce moment, se fait appeler par son deuxième prénom. En attendant de recruter un chef qu'elle ne trouvera jamais, elle se met en cuisine, laissant le service, dont elle a horreur, à Albert. D'un naturel timide, elle mettra énormément de temps à accepter d'aller en salle, malgré les exhortations de son mari.

Olympe et Albert ne connaissent pas la gastronomie, ils n'ont pas les moyens d'aller dans les grands restaurants, encore moins chez les étoilés, ils ne savent pas ce qui se fait ailleurs, ils sont totalement vierges de cette nouvelle vie qu'ils embrassent alors. On leur prédit un échec : il n'y a pas de clientèle potentielle dans ce quartier, hormis pour les brasseries et les crêperies, mais ils s'accrochent.

Olympe dans le décor de
sa première cuisine - 1973
v

>
Toute première carte
du restaurant à
l'ouverture - 1973

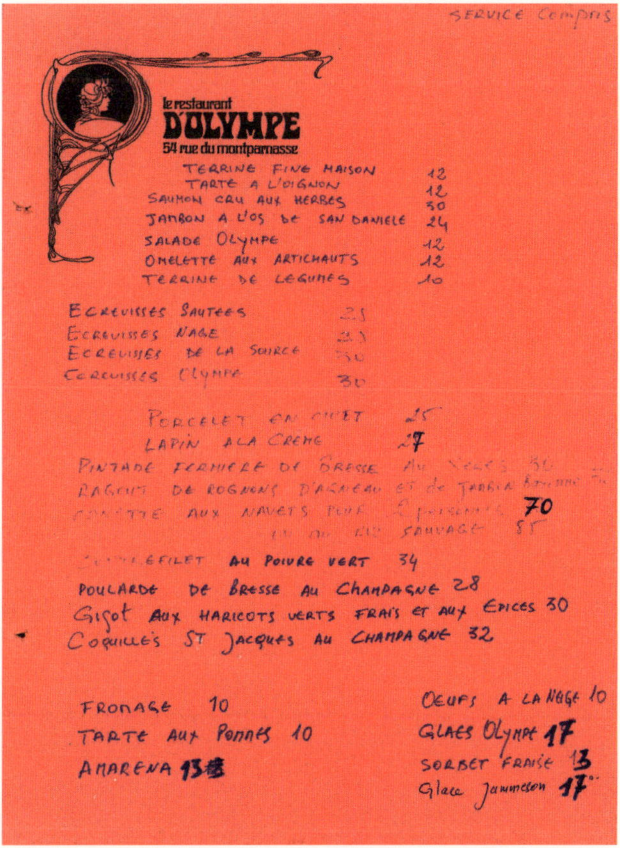
SERVICE COMPRIS

le restaurant
D'OLYMPE
54 rue du montparnasse

TERRINE FINE MAISON 12
TARTE A L'OIGNON 12
SAUMON CRU AUX HERBES 30
JAMBON A L'OS DE SAN DANIELE 24
SALADE OLYMPE 12
OMELETTE AUX ARTICHAUTS 12
TERRINE DE LEGUMES 10

ECREVISSES SAUTEES 25
ECREVISSES NAGE 25
ECREVISSES DE LA SOURCE 30
ECREVISSES OLYMPE 30

PORCELET EN CIVET 25
LAPIN A LA CREME 27
PINTADE FERMIERE DE BRESSE [illegible]
RAGOUT DE ROGNONS D'AGNEAU ET DE JARRET [illegible]
[illegible] AUX NAVETS POUR 2 PERSONNES 70
[illegible] SAUVAGE 85

[illegible]FILET AU POIVRE VERT 34
POULARDE DE BRESSE AU CHAMPAGNE 28
Gigot AUX HARICOTS VERTS FRAIS ET AUX EPICES 30
COQUILLES ST JACQUES AU CHAMPAGNE 32

FROMAGE 10
TARTE AUX POMMES 10
AMARENA 13

OEUFS A LA NEIGE 10
GLACES OLYMPE 17
SORBET FRAISE 13
Glace Jammeson 17

La carte est écrite à la main, les ingrédients choisis avec soin, et les premiers plats d'Olympe sont simples et élaborés à la mémoire de ceux de l'auberge de Méounes : des écrevisses, du gibier, du lapin, des saint-jacques, du saumon en gravlax et une salade d'endives avec des pommes, de l'huile de noix et de l'huile de noisettes qui marque les esprits.

Son père lui a fait découvrir un marchand d'épices installé dans le 16e arrondissement de Paris. Cet olibrius enturbanné puise dans les sacs d'épices qui l'entourent des mélanges aussi incroyables les uns que les autres. Olympe dégotte chez lui, entre autres mélanges détonants, de quoi transformer sa simple salade d'endives en plat sensationnel. Son adresse à manier les herbes et les épices à l'ouverture du restaurant est une de ses marques de fabrique.

Pour
4 personnes

Ma terrine de légumes

¼ de céleri en branche
2 aubergines moyennes
2 courgettes moyennes
2 tomates
1 pomme acide
Cumin moulu
Quelques feuilles de menthe
Le jus de 1 citron jaune
1 verre d'huile d'arachide
Huile d'olive
Sel, poivre

• Coupez le céleri en morceaux. Faites-le cuire dans une casserole d'eau salée bouillante pendant 5 min. Sans les éplucher, coupez les aubergines et les courgettes en deux dans le sens de la longueur. Faites-les frire et légèrement dorer à la poêle dans l'huile d'arachide, puis égouttez-les dans une passoire.

• Préchauffez le four à 190 °C (th. 6-7).

• Coupez en rondelles les tomates et la pomme épluchée. Garnissez votre terrine en commençant par un lit de tomates, une couche de rondelles de pomme, du céleri et une pincée de cumin. Salez et poivrez. Disposez ensuite un rang de courgettes, les feuilles de menthe, 1 cuil. à soupe de jus de citron, salez et poivrez. Recommencez avec les tomates, la pomme, le céleri, etc., jusqu'à épuisement des ingrédients. Finissez par une couche d'aubergines. Ajoutez un filet d'huile d'olive et 2 cuil. à soupe de jus de citron. Faites cuire au four pendant 20 à 25 min environ. Si les légumes du dessus dorent trop vite, couvrez d'une feuille de papier d'aluminium.

• Lorsque la terrine est cuite, sortez-la du four et laissez-la tiédir environ 10 min. Retournez-la sur un plat rectangulaire et enlevez le jus qui s'écoule avec du papier absorbant avant de retirer le moule. Découpez-la avec un couteau bien aiguisé.

En octobre 1973, à l'ouverture de son restaurant, Olympe cuisinait la pomme de terre sous toutes ses formes. Pour changer et intégrer d'autres légumes à la carte, elle eut l'idée de cuisiner les légumes dans une terrine qui donna son nom au plat. Jean Troisgros, venu dîner dans son restaurant quelque temps après, servit lui aussi une terrine de légumes dans son restaurant à Roanne. Il l'appela la terrine Olympe mais l'histoire ne dit pas si c'était en hommage à sa femme prénommée ainsi ou à la cuisinière…

Salade de fonds d'artichauts aux écrevisses

Pour
4 personnes

• Préparez le blanc en mélangeant l'eau, la farine, le jus de citron et le beurre dans une casserole. Mélangez le tout et portez à ébullition. Salez.

• Épluchez les artichauts en ne gardant que les fonds que vous couperez en six. Ôtez la barbe et jetez les cœurs d'artichauts dans le blanc bouillant, laissez cuire 10 min environ selon leur grosseur.

• Pendant la cuisson des artichauts, faites bouillir une grande casserole d'eau, ajoutez du sel, jetez les écrevisses vivantes dedans, puis laissez cuire 2 min (lorsque les écrevisses sont rouges, elles sont cuites). Égouttez-les et conservez-les au chaud.

• Égouttez les cœurs d'artichauts et rincez-les à l'eau tiède. Conservez-les au chaud. Ôtez les têtes d'écrevisses et décortiquez les queues.

• Dans un grand plat chaud, dressez les haricots verts, les cœurs d'artichauts tièdes, le jambon coupé en petits morceaux et les queues d'écrevisses. Avec une petite cuillère, retirez l'intérieur de la tête des écrevisses, écrasez-le à la fourchette. Décorez le plat avec les têtes.

• Préparez la sauce en mélangeant le vinaigre, la crème et l'intérieur des écrevisses dans un bol. Ajoutez le sel, le poivre et l'huile d'olive. Fouettez et versez cette sauce sur la salade tiède. Servez immédiatement.

8 artichauts moyens crus
20 écrevisses vivantes
200 g de haricots verts cuits croquants
2 tranches de jambon cru ou de jambon de pays
3 cuil. à soupe de vinaigre de xérès
2 cuil. à café de crème crue épaisse
6 cuil. à soupe d'huile d'olive
Sel, poivre

Pour le blanc
1 l d'eau
1 cuil. à soupe de farine
Le jus de 1 citron jaune
20 g de beurre
Sel

L'assiette dans laquelle est dressée cette salade fait partie de la collection Wild Rose de la marque Villeroy & Boch. Il s'agit du tout premier service du restaurant d'Olympe ouvert en 1973.

Elle improvise régulièrement, découvre de nouvelles associations, imagine sa fameuse terrine de légumes… Dans sa cuisine de la taille d'un mouchoir de poche, elle prend son rôle de chef très à cœur et imagine sans cesse de nouveaux plats. Olympe cuisine comme chez elle, comme pour les copains de passage, mais elle ne mégote pas sur la qualité des produits, et les prix de la carte s'en ressentent. Olympe et Albert sont très attentifs à leurs dépenses. Ils achètent la matière première au jour le jour et se partagent l'épluchage, la plonge et le ménage, ils n'ont pas les fonds pour engager du personnel.

C'est le seul restaurant de la rue au milieu de toutes les crêperies. Les clients s'interrogent sur ces deux post-adolescents qui s'agitent au milieu du restaurant et sur les tarifs pratiqués. Alors qu'ils viennent d'ouvrir, le client se fait rare.

Il y en a cependant un, le même, qui vient tous les soirs pendant deux mois et qui les empêche sans doute de fermer.
C'est un homme d'une quarantaine d'années, M. Saint-Yves, le fils d'un notaire perturbé par la mort de sa mère, que tout le monde connaît dans le quartier. Il n'a pas de problèmes d'argent mais adore s'adonner à la grivèlerie.

Il entre dans un restaurant, déjeune ou dîne sans se priver et déclare à la fin du repas, non sans une certaine jubilation, qu'il ne peut pas payer. Il récidive à de multiples reprises et fait ainsi de courts séjours en prison. Myriam, la sœur avocate d'Olympe qui, par hasard, le défend, conclut un pacte avec sa sœur et son client : ce dernier peut venir au restaurant sans payer, mais il n'a pas le droit de fréquenter d'autres établissements. Elle viendra régler sa note tous les mois. Elle a obtenu la curatelle du monsieur et leur évite avec ce stratagème de longues heures fastidieuses devant les tribunaux.

D'octobre 1973 à janvier 1974, le restaurant vivote avec quelques clients jusqu'à la première visite de La Reynière.

Ce journaliste au passé sulfureux est le critique gastronomique du journal *Le Monde*. Engagé en 1952 par le fondateur Hubert Beuve-Méry, La Reynière (pseudonyme emprunté à Grimod de La Reynière, gastronome excentrique considéré avec Brillat-Savarin comme l'un des pères fondateurs de la gastronomie), de son vrai nom Robert Courtine, est un sacré personnage. Amoureux de littérature et de cuisine, à la fois ami et redouté des chefs, cet écrivain prolifique a plus d'une trentaine d'ouvrages consacrés à la gastronomie à son actif et a rédigé au moins

« Il ne suffit pas d'avoir du beurre d'Échiré, du pain de Poilâne, des poulets de Delaunay-Léveillé pour faire un bon restaurant de bonne cuisine. Les jeunes gens qui ont ouvert *Olympe*, rue du Montparnasse, se rendront vite compte de leur erreur. Et d'abord de mettre des herbes dans tout, fussent-elles concoctées par un Grand Maître des aromates ! »

Premier article de La Reynière, *Le Monde*, février 1974

1 500 critiques de restaurants dans *Le Monde*. Son passé trouble est connu de quelques-uns de ses confrères mais très peu de ses lecteurs. La rumeur veut d'ailleurs qu'un chroniqueur judiciaire du journal, ancien résistant et déporté à Buchenwald, se soit un jour effacé pour le laisser passer, lui lançant un « après vous, cher collaborateur… » bien senti et bien envoyé !

Sa nécrologie publiée en 1998 au moment de sa mort fait grand bruit : celui qui a fait la pluie et le beau temps de la gastronomie française pendant quarante ans est un collaborationniste de la pire espèce. Dans un journal qui a largement dénoncé le rôle de Maurice Papon ou celui de René Bousquet, ça fait désordre…

Sa première critique du restaurant, très courte, est loin d'être élogieuse, mais elle suffit à exciter la curiosité de ses contemporains. La Reynière est extrêmement influent, il est autant lu des gastronomes que de ses confrères.

Quelques semaines plus tard, c'est au tour de Philippe Couderc de venir inspecter cette nouvelle table, et il se montre, par esprit de contradiction peut-être, beaucoup plus enthousiaste que son collègue qu'il déteste.

Couderc est issu de la presse d'extrême droite et écrit pour *Minute* qu'il quittera plus tard pour *L'Obs*. À cette époque, la gastronomie, genre secondaire, n'intéresse pas les rédacteurs en chef qui laissent volontiers certains journalistes « maudits » traiter le sujet. Couderc comme La Reynière exercent cependant une influence considérable sur le milieu culinaire.

Henri Gault, enfin, leur emboîte le pas et écrit un papier dithyrambique dans le magazine qu'il a fondé avec son complice Christian Millau.

C'est aussi en 1974, moins d'un an après l'ouverture, que les deux acolytes décernent au *Restaurant d'Olympe* une première toque dans leur guide éponyme. Le restaurant d'Olympe est lancé, il ne désemplit plus.

À cette époque, les critiques gastronomiques sont extrêmement suivis. Ils font et défont la réputation d'un restaurant en un rien de temps et, lorsqu'ils encensent une table, l'affluence est immédiate. Le monde du cinéma s'intéresse très vite à cette nouvelle adresse ouverte uniquement le soir.

Paul Rassam, producteur de Francis Ford Coppola et Milos Forman, est le premier à passer la porte du restaurant, suivi de près par son beau-frère, le cinéaste et producteur Claude Berri, puis par le metteur en scène Bernard Murat. Avec eux, acteurs, réalisateurs, metteurs en scène vont devenir les grands habitués du lieu et les fidèles du deuxième service. Olympe et Albert ont fait un choix en n'ouvrant que le soir. Olympe ne veut pas passer de longues heures en cuisine et veut avoir du temps. Elle dit volontiers qu'elle est paresseuse et fait une cuisine simple pour ne pas s'imposer une interminable mise en place et aller plutôt au cinéma. Le restaurant ouvre à 19 heures et ferme tard dans la nuit. Olympe a imaginé un menu qu'elle sert à partir de minuit, en plus de la carte, après les spectacles de théâtre et la dernière séance de cinéma. Et lorsque les chambres froides sont presque vides, elle improvise, comme ce faux-filet de bœuf sauté aux légumes croquants dont se souvient encore son amie Andrée Zana-Murat.

>
Olympe - Magazine *ELLE* n° 1682 du 3 avril 1978 © Philippe LEROY / ELLE France

<
Salle du premier restaurant – *ELLE* #1511 du 23 décembre 1974
© André BOUILLAUD / ELLE France

La salle ne compte que 28 couverts, mais c'est plutôt 100 repas qui sont servis certains soirs. Les clients font la queue dans la rue, d'autres attendent au comptoir, Albert jongle autant avec le carnet de réservations qu'avec les tables et les chaises. Il promet à chacun une table « dans deux minutes », offrant un verre aux plus impatients. On peut attendre plus d'une heure avant d'avoir sa table, mais personne ne bronche.

Ce sont des enfants de Mai 68 et la rentabilité n'est pas leur moteur. Ils font de la cuisine pour le plaisir comme d'autres font de la musique, pour le plaisir d'être ensemble, de créer et de recevoir des amis. La somme de travail va cependant rapidement les dépasser et ils ne trouveront jamais le temps d'aller au cinéma.

Ils accueillent leurs clients comme à la maison. Ils sont nombreux à devenir des amis et Olympe cuisine sur mesure pour certains. Elle ne fait donc aucune préparation et, dans une même soirée, les mêmes plats n'ont pas tout à fait le même goût car tout est cuisiné à la minute.

Elle casse radicalement les codes de l'époque : en plus d'essayer de se donner du temps alors que les chefs font des semaines de quatre-vingts heures, elle se laisse la possibilité de changer de carte tous les jours en fonction de ce qu'elle a trouvé au marché et de ce qu'elle a envie de cuisiner. Olympe veut être libre, c'est son credo. Ainsi Jean Poiret, client fidèle dès l'ouverture du restaurant, lui annonce : « Régime, je ne dois pas grossir. » C'est pour lui qu'Olympe invente les saint-jacques à la nage avec des praires et des palourdes ou un pigeon au persil tout simple, des plats qui ne sont pas à la carte du jour et qu'elle ne cuisine que pour ce client spécial. C'est la grande époque de la pièce de théâtre *La Cage aux folles*, et Jean Poiret et Michel Serrault prennent l'habitude de venir après chaque représentation. Ils sont souvent escortés de Jacqueline Maillan, Caroline Cellier, Bernard Murat et son épouse. La salle de théâtre et la salle de restaurant ne font plus qu'un tant l'ambiance est joyeuse.

La liberté d'Olympe, certains la lui envient, tel le chef Frédy Girardet (chef trois étoiles du *Restaurant de l'Hôtel de Ville* à Crissier près de Lausanne de 1965 à 1997) qui lui dit un soir à quel point il trouve formidable la chance qu'elle a de n'avoir aucun bagage et de pouvoir réaliser une cuisine si imaginative alors que lui, prisonnier de son apprentissage à l'école, puis dans les différents établissements qu'il a fréquentés, a été obligé de tout oublier pour réussir à laisser parler son instinct.

Parce qu'en plus de recevoir tous les suffrages du public, ceux des chroniqueurs gastronomiques les plus sévères de l'époque, Olympe gagne aussi le respect de ses pairs, ce qui est sans doute le plus grand compliment quand on connaît la misogynie des chefs à l'égard de leurs condisciples féminins. Le restaurant est, fait rare, ouvert le dimanche soir. Ses confrères sont nombreux à se presser pour goûter ce que cette jeune femme, venue de nulle part, autodidacte et propriétaire, propose dans ce petit établissement du 14e arrondissement encensé par les critiques. Paul Bocuse et Bernard Loiseau deviennent ainsi des réguliers du service du dimanche soir.

En même temps qu'ils ouvrent leur restaurant, Olympe et Albert rencontrent Gilbert et Maguy Le Coze. Le frère et la sœur, enfants de restaurateurs originaires de Port-Navalo, viennent eux aussi d'ouvrir *Le Bernardin* quai de la Tournelle dans le 5e arrondissement de Paris dans lequel ils ne servent que du poisson et des fruits de mer. Les deux couples deviennent amis, partagent leurs aventures communes, font la fête et se retrouvent chez *Castel*, où Olympe adore aller danser, après le service.

À 3 heures du matin, ils ont coutume de quitter *Castel* pour aller à Rungis où Gilbert initie Olympe à l'achat du poisson. Ils font leurs courses, viennent remplir leurs chambres froides respectives et… retournent chez *Castel* jusqu'au bout de la nuit.

Olympe aime aller à Rungis où elle trouve de multiples idées. Pour elle, « la cuisine se regarde autant qu'elle se goûte ».

Intransigeante, elle ne discute pas les prix. N'est considéré comme digne du restaurant que le fin du fin, la qualité du produit est définitivement une des caractéristiques de la maison. Tout ce qu'elle ne trouve pas à Rungis, elle l'achète chez les meilleurs et, lorsque le produit ne lui plaît pas, elle le renvoie.

Le pain arrive toutes les semaines du village de Forcalqueiret dans le Var, l'huile d'olive ardente et amère vient de la région de Saragosse en Espagne. La viande et notamment l'entrecôte sont commandées à Philippe Racoupeau, de la boucherie Marbeuf où se sert son père. Le foie gras vient directement de la maison Dupérier à Souprosse dans les Landes, et les truffes sont de Richerenches. Les magrets de canard au sang de la famille Burgaud arrivent directement de Challans. Olympe commande même ses fromages à José Santori en Corse.

Olympe n'a pas fait d'apprentissage traditionnel mais a très vite compris comment allier la simplicité de la cuisine familiale à la subtilité de la « nouvelle cuisine ».

Elle mitonne sans technologie et n'a aucune envie de se servir d'instruments compliqués. Elle fait une cuisine simple, et la médiocrité ne pardonne pas dans ce type de préparations car il n'y a aucun camouflage.

Olympe personnifie, à sa façon, la révolution culinaire des années 1970 qui voit naître une cuisine plus légère. « Je n'ai suivi aucune école, aucun cours. On dit que je fais de la nouvelle cuisine, moi, je fais juste la cuisine que j'aime, celle que j'ai toujours faite. »

Olympe n'a pas de modèle. Elle n'a pas les moyens d'aller dans les grands restaurants et n'a aucun livre de cuisine mis à part le Ali Bab offert par son père qu'elle n'ouvre que très rarement. Elle cuisine ce qu'elle aime manger, elle fait une cuisine inventive, goûteuse et sans esbroufe. Tout ce qui l'entoure est source d'inspiration, un tableau, un produit, un paysage, la nature… Elle observe énormément et tout ce qu'elle voit influence sa créativité. Elle a hérité du don de sa maman en la matière. « Elle cuisine comme l'oiseau chante », dit d'elle La Reynière.

Sur la carte du restaurant, il est inscrit : « Dans ce restaurant, nous pensons que la règle d'or de la cuisine est celle-ci :

• Qualité du produit, fraîcheur du produit
• Simplicité dans la préparation
• Juste cuisson au dernier moment »

Sans le savoir, Olympe est complètement dans la nouvelle mouvance qui s'amorce après la cuisine classique riche et abondante de l'après-guerre si chère à Escoffier. Henri Gault et Christian Millau la qualifient de « nouvelle cuisine » et en ont même édicté les dix commandements :

1 Tu ne cuiras pas trop.
2 Tu utiliseras des produits frais et de qualité.
3 Tu allégeras ta carte.
4 Tu ne seras pas systématiquement moderniste.
5 Tu rechercheras cependant ce que t'apportent les nouvelles techniques.
6 Tu éviteras marinade, faisandage, fermentation, etc.
7 Tu élimineras les sauces riches.
8 Tu n'ignoreras pas la diététique.
9 Tu ne truqueras pas tes présentations.
10 Tu seras inventif.

Michel Guérard, incontestable meneur de ce mouvement, est le premier à en publier les recettes dans *La Grande Cuisine minceur* parue en 1976 aux éditions Robert Laffont.

>
Carte du restaurant - 1979

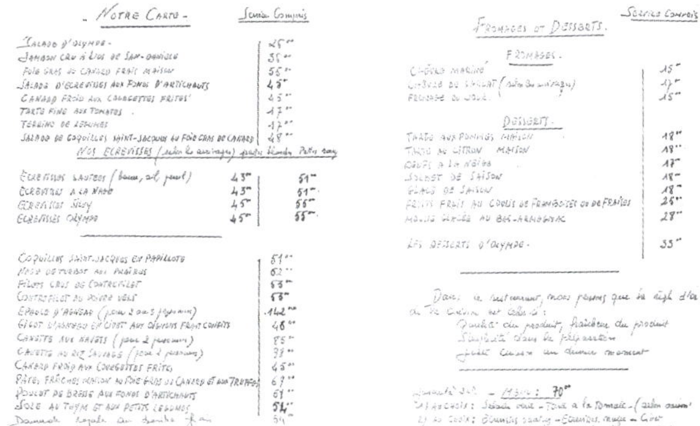

- Notre Carte - Service Compris

Salade d'Olympe	25	
Jambon cru à l'os de San-Daniele	35	
Foie gras de canard frais maison	55	
Salade d'écrevisses aux fonds d'artichauts	45	
Canard froid aux courgettes frites	45	
Tarte fine aux tomates	17	
Terrine de légumes	17	
Salade de coquilles Saint-Jacques au foie gras de canard	48	

Nos écrevisses (selon les arrivages) petites blondes Pattes rouges

Écrevisses sautées (beurre, ail, persil)	43	51
Écrevisses à la nage	43	51
Écrevisses Sissy	45	55
Écrevisses Olympe	45	55

Coquilles Saint-Jacques en papillote	51
Noix de turbot aux poireaux	62
Filets crus de contrefilet	53
Contrefilet au poivre vert	58
Épaule d'agneau (pour 2 ou 3 personnes)	142
Gigot d'agneau en civet aux oignons frais confits	48
Canette aux navets (pour 2 personnes)	85
Canette au riz sauvage (pour 2 personnes)	9?
Canard froid aux courgettes frites	45
Pâtes fraîches maison au foie gras de canard et aux truffes	67
Poulet de Bresse aux fonds d'artichauts	61
Sole au thym et aux petits légumes	54
Daurade royale au fenouil frais	54

Fromages et Desserts. Service Compris

Fromages.

Chèvre mariné	15
Cervelle de canut (selon les arrivages)	17
Fromage du jour	15

Desserts.

Tarte aux pommes maison	18
Tarte au citron maison	18
Œufs à la neige	17
Sorbet de saison	18
Glace de saison	18
Fruits frais au coulis de framboises ou de fraises	25
Mousse glacée au bas-armagnac	28
Les desserts d'Olympe	35

Dans ce restaurant, nous pensons que la règle d'or de la cuisine est celle-ci :
Qualité du produit, fraîcheur du produit
Simplicité dans la préparation
Juste cuisson au dernier moment

[illegible] – Menu : 70
1) au choix : Salade verte – Tarte à la tomate – (selon saison)
2) au choix : [illegible] – Écrevisses, nage – Civet
3) au choix : Fromage de chèvre – œufs à la neige – Sorbet maison

Pourtant, la cuisine d'Olympe ne ressemble à aucune autre : ni fond de sauce, ni farine (sauf en pâtisserie) n'entrent dans la composition de ses plats. Ses consœurs de l'époque offrent un registre différent : Adrienne Biasin, dans son restaurant *Chez la Vieille* installé depuis 1958 dans le ventre de Paris au cœur des Halles, propose une cuisine traditionnelle où le navarin d'agneau et les rognons rivalisent avec le bœuf carottes. Georgette Descat, sa voisine du 14e, cuisine ses Landes natales et ne lésine pas sur le gras. Christiane Massia, dans le 15e, annonce à la carte des rillettes d'anguille ou un ragoût de thon aux légumes. Quant à Lulu, son autre voisine à *L'Assiette*, elle est la vedette des plats de ménage et mijotés avec le même respect du produit qu'Olympe. Son restaurant fut longtemps le repaire du président Mitterrand et de sa garde rapprochée.

Au *Restaurant d'Olympe*, tout est cuit à cœur, les sauces sont légères et inventives et les épices subtilement dosées. Elle a une passion pour les pâtes fraîches qu'elle prépare tous les matins, elle est sans doute une des seules à se livrer à un tel exercice quotidien.

<
Tous les jours, Olympe préparait ses pâtes fraîches - 1977

Bien loin des traditionnels spaghettis à la bolognaise, Olympe cuisine des pâtes aux langoustines, au foie gras et à la truffe, ou ses fameux raviolis de canard au coulis de brocolis.

« Reine de Paris », comme la nomme le chef Jacques Maximin, elle est la première femme chef à accéder au rang de star et acquiert rapidement une deuxième toque au Gault & Millau en 1976.

« J'ai mangé chez Olympe les meilleures pâtes de ma vie. Elle cuisinait des ingrédients que personne ne connaissait », dit aujourd'hui le chef Alain Dutournier. Il se souvient des soirées entre chefs chez Olympe le dimanche soir, d'une période gaie où l'entraide et la solidarité entre chefs régnaient davantage que maintenant. « Olympe avait une capacité hors du commun à faire des merveilles avec seulement trois produits parfaitement choisis. Plus que la création, c'est l'imagination que l'on discernait dans ses assiettes. » Et la « sensibilité féminine » qui lui rappelle la cuisine de sa mère et de sa grand-mère.
« Olympe était très respectée. Les professionnels étaient unanimes pour reconnaître son talent et personne n'a discuté sa note de 18/20 au Gault & Millau. »

Guy Savoy se souvient lui aussi « d'une épaule d'agneau avec des pommes rôties, un plat très simple mais avec un mélange d'herbes que je n'ai jamais réussi à identifier ».

Pour
4 personnes

Raviolis de canard sauce brocoli

300 g de magret de canard avec sa peau
40 g de feuilles d'épinards crues
20 g de mie de pain
1 tasse de lait
2 échalotes épluchées
25 g de champignons nettoyés (de Paris ou sauvages)
20 g de beurre
1 cuil à soupe de persil haché
40 g de crème fraîche
500 g de pâte fraîche (voir la recette page 135)
250 g de brocoli
Piment de Cayenne
20 g de moelle de bœuf cuite à la vapeur (pendant 10 min)
Une petite botte d'estragon
Huile d'olive
Sel, poivre

• Préparez la farce : hachez finement le canard avec sa peau. Faites blanchir les feuilles d'épinards 1 min dans une casserole d'eau bouillante salée, égouttez-les et hachez-les finement. Mettez à tremper la mie de pain dans le lait, puis pressez-la entre les doigts et mélangez-la aux épinards. Hachez les échalotes et les champignons, puis faites-les revenir dans une poêle avec 10 g de beurre, laissez cuire 2 min, puis ajoutez le canard et faites-le cuire 1 min en remuant. Retirez du feu et mélangez aux épinards. Ajoutez à cette farce 20 g de moelle de bœuf cuite à la vapeur, le persil haché et la crème fraîche. Mélangez bien le tout, salez, poivrez et réservez.

• Découpez la pâte en 4 morceaux. À l'aide d'un laminoir, réalisez des bandes de 40 cm sur 15 cm. Déposez sur le bord de la bande, dans le sens de la longueur, des boulettes de farce de la grosseur d'une noix en les espaçant bien les unes des autres. Humectez l'autre côté de la pâte à l'aide d'un pinceau trempé dans l'eau et rabattez-le sur les boulettes de farce. Fermez bien les côtés en appuyant fortement avec les doigts, puis découpez les raviolis à l'aide d'une roulette. Réservez sur un linge fariné.

• Faites cuire le brocoli pendant 10 minutes dans une casserole d'eau bouillante salée, puis réduisez-le en purée fine à l'aide d'un mixeur. Salez, poivrez et ajoutez une pincée de piment de Cayenne. Réservez au chaud.

• Faites bouillir une grande casserole d'eau salée et plongez les raviolis dedans pendant 5 min. Égouttez-les et faites-les revenir à la poêle dans un peu de beurre.

• Mettez la sauce au brocoli dans le fond de l'assiette, déposez les raviolis et arrosez d'un filet d'huile d'olive, de quelques feuilles d'estragon ciselé et servez immédiatement.

Raviolis de homard

Pour
4 personnes

• Faites rôtir à four vif le homard pendant 5 min. Décortiquez les pinces et la queue (en prenant soin de conserver la forme des pinces). Ne jetez pas les carcasses. Récupérez le corail (qui se trouve dans la carapace), passez-le à travers une passoire étamine et réservez.

• Débarrassez les tomates de leur peau et de leurs pépins. Détaillez-les en dés de 1 cm. Escalopez la queue du homard.

• Découpez la pâte en 4 morceaux. Réalisez des bandes d'environ 10 cm de largeur à l'aide d'un laminoir et découpez des ronds de 9 cm de diamètre. Placez au centre de la moitié des ronds une lamelle de homard, 3 à 4 cubes de tomate, ¼ de cuil. à café de crème fraîche, du poivre du moulin et 1 cuil. à soupe de pluches de cerfeuil.

• Badigeonnez les bords du ravioli à l'aide d'un pinceau trempé dans du jaune d'œuf. Posez un rond de pâte sans farce dessus, pressez avec les doigts sur les contours pour le rendre hermétique. Répétez l'opération avec les autres raviolis. Réservez.

• Préparez la sauce : faites revenir à la poêle, dans de l'huile, la carotte, l'oignon et les carcasses de homard. Ajoutez le piment de Cayenne, versez 25 cl de vin blanc, le concentré de tomates et 25 cl d'eau. Portez à ébullition. À l'aide d'un rouleau à pâtisserie, concassez la carapace du homard et faites cuire à feu moyen pendant 30 min. Passez ce fumet à la passoire étamine. Faites réduire avec 15 cl de crème et 25 g de beurre. Rectifiez l'assaisonnement. Retirez du feu et ajoutez le corail en fouettant de manière que le corail lie cette sauce sans coaguler. Tenez au chaud au bain-marie.

• Pochez les raviolis 3 min dans une casserole d'eau frémissante salée, égouttez-les et placez-les dans une poêle contenant 20 cl de crème, pour en terminer la cuisson. Dressez sur une assiette avec les pinces réchauffées dans l'eau du pochage. Nappez de sauce.

1 homard de 400 g
2 tomates
500 g de pâtes fraîches (voir recette page 135)
40 cl de crème crue épaisse
Cerfeuil
1 jaune d'œuf
1 carotte épluchée et coupée en morceaux
1 oignon jaune épluché et émincé
Piment de Cayenne
25 cl de vin blanc
1 cuil. à soupe de concentré de tomates
25 g de beurre
Huile
Sel, poivre du moulin

<
Le homard est l'ingrédient fétiche d'Olympe. En plus de le cuisiner, elle le sculpte ou elle le dessine.

Pour
4 personnes

Langoustines aux pâtes fraîches

20 belles langoustines
160 g de crème crue épaisse
300 g de pâtes fraîches fines vertes
300 g de pâtes fraîches fines aux œufs
60 g de beurre
Gingembre râpé ou en poudre
4 feuilles de basilic

La sauce
1 oignon jaune
2 carottes
1 poireau
1 bouquet garni
2 tomates
2 cuil. à soupe de cognac
½ l de vin blanc
½ l de fumet de poisson
Piment de Cayenne
50 g de beurre
Sel, poivre

• Séparez les têtes des langoustines des queues. Conservez les queues au frais.

• Préparez la sauce : dans une grande casserole, faites revenir dans 50 g de beurre l'oignon, les carottes et le poireau épluchés et émincés, le bouquet garni et les tomates concassées. Ajoutez les têtes des langoustines, remuez bien et faites revenir l'ensemble 3 à 4 min. Flambez avec le cognac, salez et poivrez. À l'aide d'un pilon en bois, écrasez les têtes des langoustines. Versez dessus le vin blanc et le fumet de poisson. Ajoutez 1 pincée de piment de Cayenne et laissez cuire à feu moyen et à découvert 30 min.

• Décortiquez à cru les queues des langoustines. Faites une incision peu profonde sur le dessus pour retirer le boyau noir. Salez-les et poivrez-les peu, déposez-les dans un plat au frais.

• La cuisson de la sauce terminée, passez le tout à travers un chinois et pressez avec le pilon ou une cuillère en bois afin d'exprimer tous les parfums. Réservez environ 20 cl de cette sauce, versez-la dans une casserole, portez-la à ébullition, ajoutez 120 g de crème et laissez réduire à feu moyen pendant 5 min environ.

• Placez un cuit-vapeur sur le feu. Dans la partie inférieure, mettez ¾ d'eau salée et portez à ébullition.

• Jetez les pâtes dans l'eau bouillante du cuit-vapeur, laissez cuire 1 min. Placez dans la partie supérieure les queues des langoustines, couvrez et laissez cuire 1 min. Retirez l'ustensile où se trouvent les queues, posez-le sur une assiette et laissez le couvercle pour les conserver au chaud. Égouttez les pâtes, ajoutez les 40 g de crème restantes.

• Montez la sauce avec les 60 g de beurre, rectifiez l'assaisonnement et ajoutez 1 pointe de gingembre râpé ou 1 pincée en poudre.

• Dressez les pâtes au milieu d'une assiette creuse, mettez les langoustines autour et nappez de sauce puis ajoutez le basilic ciselé.

>
Ava, la petite fille d'Olympe, grande amatrice des pâtes de sa grand-mère « Pampa » (c'est ainsi qu'elle l'appelle)

Pâtes fraîches au foie gras et aux truffes

Pour
4 personnes

40 g de truffes crues de préférence
1 morceau de 300 g de foie gras frais mi-cuit
400 g de tagliatelles fraîches
8 cuil. à soupe de crème liquide
Sel, poivre

• Coupez les truffes en fines lamelles, réservez. Coupez le foie gras en très fines tranches avec un couteau trempé dans de l'eau chaude, réservez.

• Faites cuire les pâtes *al dente* dans une casserole d'eau bouillante salée. Égouttez-les, salez-les un peu et poivrez-les, puis répartissez-les dans quatre petites poêles antiadhésives.

• Versez dans chaque poêle 2 cuil. à soupe de crème, mélangez bien. Réchauffez en tournant les pâtes pour qu'elles soient bien fumantes, disposez dessus les tranches de foie gras et les lamelles de truffes, ajoutez 1 cuil. à soupe d'eau. Couvrez et réchauffez sans remuer quelques secondes. Versez dans des assiettes chaudes.

Olympe et Albert, dont le succès ne cesse de croître, sont de plus en plus à l'étroit rue du Montparnasse, et la cuisine microscopique n'est plus à la hauteur des plats d'Olympe. Ils décident de déménager et, en 1979, ils s'installent 8, rue Nicolas Charlet dans le 15e arrondissement.

Après le couloir du 14e, la salle à manger du nouveau restaurant est spacieuse.

Dans une ambiance très Arts déco, recoins et estrades permettent de créer différents espaces agrémentés de meubles des Années folles et éclairés de lustres fabriqués pour le paquebot *Normandie*. Des panneaux de laque rouge, signés René Prou, ornent les murs comme dans l'Orient-Express. Dans la salle où la marqueterie est à l'honneur, les hôtes peuvent accueillir jusqu'à cinquante heureux clients. Le show-biz se presse, les critiques continuent d'affluer, Olympe est sollicitée par les médias, le succès est à son comble.

Albert et Olympe dans leur nouveau restaurant du 15e arrondissement - 1981

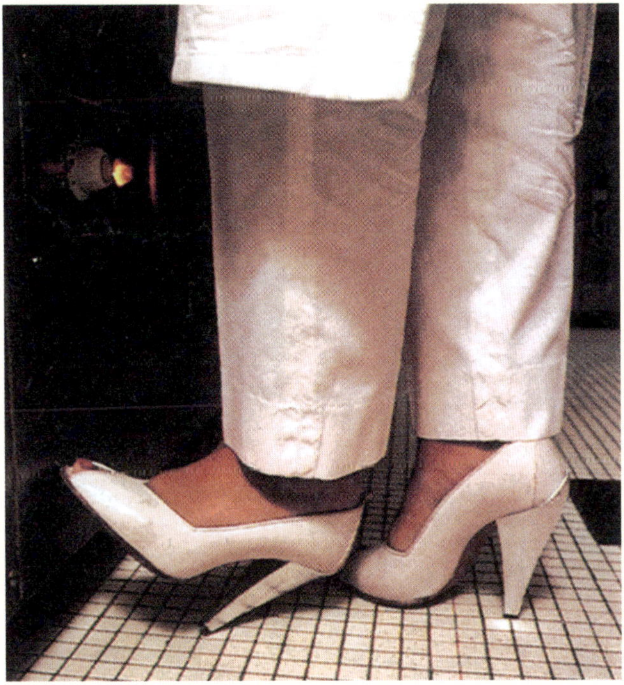

>
Même en cuisine, Olympe ne quittait pas ses talons comme ce modèle de Thierry Mugler - 1982

Alors qu'on l'appelle volontiers la mère Olympe, certains nouveaux clients s'attendent à se trouver nez à nez avec une cuisinière plantureuse à l'instar de la mère Brazier. Mais la surprise est grande lorsque Olympe, qui n'est pas adepte de la traditionnelle veste de chef, sort de sa cuisine perchée sur des escarpins Maud Frizon et vêtue d'un chemisier en dentelle fine. En jupe ou en pantalon, Olympe refuse de renoncer à sa féminité sous prétexte qu'elle est en cuisine, c'est même totalement inenvisageable.

Le restaurant voit défiler Francis Ford Coppola, Robert De Niro, Henri Salvador, Orson Welles, Roman Polanski, Mick Jagger, Catherine Deneuve, Jean-Louis Trintignant, Jean Poiret, Caroline Cellier, Michel Serrault, Isabelle Adjani, Clint Eastwood et autant d'hommes d'affaires ou de politiques, français ou étrangers.

Chacun a ses habitudes, Francis Ford Coppola est le plus gourmand, Roman Polanski, pour lequel Olympe cuisine un borchtch comme en Pologne, est le plus fidèle. Catherine Deneuve raffole des langoustines, Robert De Niro ne jure que par les pâtes d'Olympe et Mick Jagger ne rate jamais une occasion de venir déguster ses écrevisses.

Albert et Olympe ne changent ni leur façon d'accueillir ni de cuisiner malgré le happening permanent. C'est l'occasion pour Albert de mettre à profit ses études à Nanterre. Il dit volontiers qu'il ne fait plus « de la sociologie en chambre mais de la sociologie de terrain ».

Ce ne sont plus les clients qui font la queue devant le restaurant, mais les journalistes qui peuvent attendre des heures dans l'espoir d'immortaliser telle ou telle vedette dînant au restaurant d'Olympe.

>
Avec Jane Birkin en cuisine – Photo de Jean-Paul Calvet pour *VSD* en 1981

Pigeonneaux au miel

Pour
4 personnes

- Salez et poivrez les pigeonneaux. Préchauffez le four à 220 °C (th. 7-8).

- Dans un récipient, mélangez le miel, 1 cuil. à soupe de vinaigre, 2 cuil. à soupe de sauce soja, les graines de coriandre pilées, 1 cuil. à café de graines de sésame, le sel et le poivre. Remuez bien et laissez reposer 20 min.

- Placez les pigeonneaux dans un plat allant au four et faites-les cuire pendant 8 à 9 min. Retirez-les du four et versez dessus la préparation au miel. Placez le plat sur un feu très vif pendant 2 à 3 min, jusqu'au début de l'épaississement et jusqu'à la coloration caramel du miel. Baissez le feu et badigeonnez les pigeonneaux pendant 5 min en les retournant de temps en temps. (Il faut que le miel, qui est devenu un peu pâteux, s'accroche à la peau des pigeonneaux et les enrobe).

- Faites cuire les vermicelles dans une casserole d'eau bouillante salée, puis mélangez-les dans un bol avec 1 cuil. à soupe de vinaigre, 1 cuil. à soupe de sauce soja et 1 cuil. à café de graines de sésame.

- Dans une friteuse, jetez les feuilles d'épinards coupées en deux, la carotte coupée en copeaux et laissez frire pendant 30 s. Égouttez-les sur du papier absorbant et salez-les. Mélangez délicatement ces légumes avec les vermicelles chauds.

- Dans un plat de service, dressez les légumes et les vermicelles au centre et disposez autour les pigeonneaux coupés en deux. Badigeonnez-les une dernière fois de miel et servez immédiatement.

4 pigeonneaux
80 g de miel liquide
2 cuil. à soupe de vinaigre de vin
3 cuil. à soupe de sauce soja salée
1 cuil. à café de coriandre en graines
2 cuil. à café de graines de sésame
50 g de vermicelles transparents chinois
Quelques feuilles d'épinards crues
1 carotte épluchée
Huile de friture
Sel, poivre

Olympe a imaginé cette recette au retour d'un voyage en Chine organisé par Gault & Millau avec Bocuse, Troisgros et Senderens. Là-bas, elle fit la découverte du canard laqué, mais impossible de reproduire cette recette. Elle nécessitait un long temps de préparation dont Olympe ne voulait pas s'embarrasser. Elle imagina donc ce mélange de miel et de sauce soja qui lui rappelait le laquage du canard.

Pour
4 à 6 personnes

Salade de coquilles Saint-Jacques au foie gras frais

16 noix de saint-jacques fraîches
3 cuil. à soupe de vinaigre de vin ou de xérès
1 cuil. à soupe de crème fraîche
1 avocat mûr
4 cuil. à soupe d'huile d'olive
1 poignée de mâche
200 g de foie gras de canard frais cru
10 g de beurre
Sel, poivre

• Demandez à votre poissonnier de décortiquer les coquilles et de les parer.

• Préparez la vinaigrette en mélangeant le vinaigre, le sel, le poivre, la crème fraîche, l'avocat coupé en morceaux et l'huile d'olive dans un petit mixeur. Réservez dans le mixeur.

• À la poêle, dans un peu de beurre, faites revenir les noix de saint-jacques, 1 min de chaque côté, salez et poivrez. Coupez-les encore chaudes en lamelles et disposez-les sur un lit de feuilles de mâche (bien lavées et séchées). Couvrez le plat pour que les noix restent chaudes.

• Coupez le foie gras en tranches de ½ cm d'épaisseur. Faites-les revenir dans une grande poêle chaude sans aucune matière grasse (il faut que les morceaux de foie gras soient très à l'aise dans la poêle, n'hésitez pas à utiliser deux poêles). Faites-les cuire à feu vif 1 min de chaque côté environ. Égouttez sur du papier absorbant et dressez bien chaud sur les lamelles de noix.

• Redonnez un tour de mixeur dans la sauce et nappez la salade juste avant de servir.

Thon cru à la japonaise

Pour
4 personnes

600 g de thon sans peau ni arêtes
2 cuil. à soupe d'huile d'olive
1 cuil. à café d'huile de sésame grillé
1 cuil. à soupe de sauce soja salée
1 ½ cuil. à soupe de jus de citron
1 gousse d'ail
2 cuil. à soupe de sel fin, poivre

• Demandez à votre poissonnier de découper dans un filet de thon deux bandes de 300 g chacune, de 15 cm de long environ et de 4 cm de large. Roulez ces bandes de thon dans du sel fin et enfilez-les sur deux brochettes piquées en leur centre.

• Préparez un grand saladier contenant de l'eau froide et des glaçons. Faites griller les bandes de thon sur la flamme du gaz ou au-dessus des braises, très rapidement, en surface seulement : l'extérieur doit être légèrement doré, et l'intérieur doit rester cru. Trempez le thon aussitôt grillé dans l'eau froide. Rincez-le afin d'éliminer tout le sel et épongez-le bien. Coupez le thon en cubes et déposez-les sur le plat de service.

• Dans un bol, émulsionnez les deux huiles, la sauce soja et le jus de citron. Poivrez. Versez cette sauce sur les cubes de thon.

• Pelez la gousse d'ail et coupez-la en lamelles translucides. Parsemez-en le thon et servez aussitôt, ou laissez mariner 10 min avant de déguster.

Olympe doit cette recette à Osamo, premier cuisinier japonais du restaurant en 1977. Il lui expliqua cette technique inédite d'imprégner le poisson de sel et de le servir à peine cuit.

Pour
4 personnes

Langoustines aux huiles parfumées

- 4 cuil. à soupe d'huile d'olive
- 1 cuil. à soupe d'huile de noisette
- 1 cuil. à soupe d'un mélange de coriandre, persil, ciboulette et estragon ciselés
- 1 pointe de gingembre râpé
- 12 grosses langoustines
- Sel, poivre

• Dans un récipient, mélangez les huiles avec les herbes ciselées, le gingembre râpé, le sel et le poivre. Laissez macérer 15 min.

• Préchauffez le four à 180 °C (th. 6). Coupez les langoustines en deux dans le sens de la longueur, salez et enfournez 3 min.

• Servez les langoustines tièdes arrosées d'un peu d'huile parfumée.

Huîtres chaudes au beurre de champagne

Pour 4 personnes

5 g de zeste de citron jaune
120 g de beurre
10 cl de champagne
24 grosses huîtres creuses
½ feuille de nori
1 cuil. à café de jus de citron
120 g de tagliolinis fraîches aux œufs ou 60 g de tagliolinis aux œufs
60 g de tagliolinis aux épinards (les meilleures sont celles de la marque Cipriani®)
1 pincée de sucre en poudre
Pluches de cerfeuil
Sel, poivre vert de Kampot au sel La Plantation®

• Découpez le zeste de citron en très fins bâtonnets. Dans une toute petite casserole, mettez les bâtonnets de zeste de citron, une petite noisette de beurre, du sel, la pincée de sucre, du poivre et 4 cuil. à soupe de champagne. Faites cuire à feu doux jusqu'à absorption de tout le liquide. Réservez.

• Ouvrez les huîtres, retirez-les de leur coquille, conservez leur eau et passez celle-ci à travers une passoire très fine. Réservez les huîtres dans un bol avec leur eau filtrée.

• Avec une paire de ciseaux, découpez la ½ feuille de nori en lamelles très fines.

• Dans une casserole, versez le champagne et l'eau des huîtres. Ajoutez la moitié des lamelles de nori, les bâtonnets de zeste de citron confits, le jus de citron, salez, poivrez et portez à ébullition.

• Mettez une casserole d'eau salée sur feu vif pour faire cuire les pâtes. Opération que vous ferez en même temps que la préparation des huîtres, afin que les pâtes soient cuites, chaudes et égouttées lorsque leur sauce sera prête.

• À la première ébullition de la sauce champagne, jetez les huîtres dedans et comptez jusqu'à 5, puis retirez-les avec une écumoire et conservez-les dans un bol couvert pour qu'elles restent tièdes. Faites réduire de moitié la sauce champagne.

• Jetez les pâtes dans l'eau bouillante pour les faire cuire.

• Lorsque la sauce champagne est réduite, ajoutez le beurre dedans sur un feu moyen et fouettez pour rendre la sauce onctueuse. Rectifiez l'assaisonnement.

• Retirez la casserole du feu. Égouttez les pâtes, répartissez-les dans 4 assiettes chaudes, placez dessus les huîtres cuites, nappez avec la sauce. Décorez avec le reste des lamelles de nori et les pluches de cerfeuil. Servez immédiatement.

Pour
4 personnes

Turbot aux blancs de poireau

- 4 morceaux de turbot de 200 g
- 5 blancs de poireau
- 20 cl de fumet de poisson
- 2 cuil. à café de moutarde
- 4 cuil. à soupe de crème fraîche
- 80 g de beurre + 1 noisette
- 2 cuil. à soupe de jus de citron
- Zestes d'orange
- Sel, poivre

• Demandez à votre poissonnier de découper le turbot en morceaux de 200 g environ, en laissant l'arête et la peau.

• Lavez les blancs de poireau, coupez-les en tronçons de 4 cm et partagez ces tronçons en deux. Dans une sauteuse, faites-les revenir dans une noix de beurre. Remuez, ajoutez 5 cl d'eau salée, couvrez et laissez cuire à feu doux pendant 10 min. Retirez du feu et réservez.

• Préchauffez le four à 200 °C (th. 6-7). Placez les morceaux de turbot dans un plat allant au four, salez, poivrez et enfournez 10 à 12 min.

• Dans une casserole, mettez le fumet de poisson, salez, poivrez, ajoutez la moutarde et laissez réduire de moitié. Versez la crème, laissez épaissir à feu vif, puis ajoutez les 80 g de beurre. Baissez le feu et fouettez vivement quelques minutes jusqu'à ce que la sauce soit onctueuse. Ajoutez le jus de citron et rectifiez l'assaisonnement.

• Retirez le poisson du four, ôtez la peau. Dressez les morceaux de poisson dans 4 assiettes chaudes, déposez les poireaux chauds égouttés tout autour, ajoutez les zestes d'orange. Nappez avec la sauce et servez immédiatement.

Céramique Pol Chambost
Né en 1906 à Saint-Étienne, Pol Chambost s'est formé à l'École des arts appliqués à l'industrie de Paris tout en suivant des cours du soir à l'École des arts décoratifs. Destiné à reprendre la marbrerie familiale, il se tourne néanmoins vers la création décorative et culinaire, s'installe à Ivry-sur-Seine et devient un acteur de premier plan des années 1950 dans le domaine de la céramique. Créateur prolifique, il développe de nombreuses techniques et dépose de multiples modèles. Il est reconnu pour son esprit visionnaire des arts de la table.

Au début des années 1980, Henri Gault écrit : « Déjà, la déesse de l'Olympe perçait sous la nymphette. Tandis que les dernières "mères" se noyaient dans la béchamel, elle réinventait la cuisson des artichauts, mettait l'ail aux écrevisses et nettoyait les sauces par le vide. »

Olympe, la seule femme qu'il juge digne de figurer parmi ses cinquante meilleurs restaurants, « est la première cuisinière du monde, sans contestation possible ».

En 1981, le Guide Michelin l'invite avec insistance à ouvrir le restaurant au moins une fois dans la semaine au déjeuner pour lui octroyer une étoile, condition indispensable pour figurer dans le guide rouge. Elle est alors la plus jeune femme étoilée de France. Cette étoile est pourtant une surprise qu'Olympe accueille avec circonspection. Elle qui n'a jamais subi de contraintes s'inquiète du carcan imposé par cette distinction…

Le Guide rouge s'en tiendra à cette unique étoile. La cuisine d'Olympe est-elle trop novatrice pour eux ? Ou bien est-ce parce qu'elle est une femme ?

Cela n'empêchera pas le Gault & Millau de lui attribuer trois toques et la note de 18/20 en 1984, faisant d'elle la première femme chef ainsi distinguée. Henri Gault, raconte Guy Savoy, « parlait toujours d'Olympe avec des trémolos dans la voix ».

^
10 femmes de talent réunies pour les 10 ans du *Restaurant d'Olympe* fêtés avec un an de retard - 1984

En mai 1984, elle fête en fanfare ses dix ans de fourneaux. Une centaine de personnes se bousculent aux portes du restaurant, dont Paul Bocuse, Michel Guérard, Alain Senderens, le chanteur Mort Shuman ou Jean Carmet, qui s'éclipse d'un tournage pour fêter celle qu'il appelle « sa cousine ».

À cette occasion, Alain de Vogüé, président des champagnes Veuve Clicquot, a pris l'initiative de réunir autour d'Olympe les femmes les plus en vue du moment : Ève Ruggieri, Christine Ockrent, Chantal Thomass, Sonia Rykiel, Agnès Comar, Marie-France Pisier ou encore Darie Boutboul. L'événement fait la une de toute la presse, et nombreux sont les journalistes à encenser le talent de la reine Olympe tout en insistant sur sa pugnacité à se faire une place dans un environnement résolument misogyne.

Elles sont une poignée de femmes à évoluer dans ce milieu très machiste et à se soutenir entre elles. Mais Olympe détonne et intrigue. Elle est libre, séduisante et facilement effrontée. Elle est son propre patron, totalement affranchie des codes de la gastronomie et aucun autre chef n'a de prise sur elle. Pire, elle leur vole la vedette à la télévision ou à la radio, ce qui a le don de les agacer, eux qui sont si friands de notoriété et toujours en quête de reconnaissance.

Paul Bocuse fréquente régulièrement le restaurant d'Olympe et leurs relations ont toujours été plus que cordiales. Serait-elle la seule à trouver grâce à ses yeux ?

Il est connu pour la piètre opinion qu'il a des femmes cuisinières et pour son insistance à marteler qu'elles n'ont aucune imagination et ne connaissent rien à la cuisine. En 1977, une photo des femmes chefs de l'ARC* (Association des restauratrices cuisinières) coiffées d'une toque dans le magazine *Paris Match* le fait sortir de ses gonds et sortir sa plume.

Il écrit à Christiane Massia, cheffe du restaurant *L'Aquitaine*, et à d'autres femmes de l'association les mots suivants : « Souhaitant que ma femme améliore ses connaissances culinaires et ne possédant aucun bagage dans ce domaine, j'aimerais connaître les conditions d'admission à votre association (apprentissage, nombre d'années de métier, etc.) pour l'inscrire en vue d'une future dénomination de mon restaurant que je pense peut-être rebaptiser *Chez la mère Bocuse*. Je tiens à redire ici ma conviction que les femmes sont certainement de bonnes cuisinières pour une cuisine de tradition (voir la mère Fillioux, la mère Brazier…), cuisine nullement inventive à mon avis, ce que je déplore. »

À la fin de sa vie, il reviendra sur cette idée tenace en confiant les cuisines d'un de ses établissements à Tabata Mey, première femme chef à occuper ce poste. Il aura fallu attendre 2013…

* L'ARC a été fondée en 1975 (Année internationale des femmes). Il s'agit de l'une des premières organisations professionnelles exclusivement féminines dans le monde de la cuisine, visant à améliorer les conditions d'accès des femmes aux formations hôtelières. Il faudra attendre 1997 pour que l'Association des maîtres cuisiniers de France accepte des femmes au sein de leur association.

>
Montage photo
du magazine
Gault & Millau
des femmes cheffes
des années 1980

Pour François Simon, journaliste et critique gastronomique, Olympe est une icône. L'icône d'une période durant laquelle l'image de la femme est désastreuse dans l'univers de la gastronomie, mais qu'Olympe contribue à « faire remonter au-dessus de la ceinture ». Lorsqu'elle apparaît dans cet univers très masculin, elle impressionne avec son fort caractère et son aisance. Elle a du chien, ne rentre dans aucune case et surtout elle n'obéit pas. Aussi à l'aise dans son restaurant qu'à la télévision ou la radio, elle réussit à s'imposer dans un monde très phallocrate.
Elle écrit aussi des livres de cuisine dans lesquels elle partage des recettes simples et accessibles, contrairement aux livres de ses homologues masculins autocentrés.

Pour autant, aux yeux de François Simon, elle est passée telle une étoile filante dans ce monde viril qui ne lui a jamais fait de cadeaux et ne lui a pas fait la place qu'elle méritait. Elle semble être l'oubliée d'une période qu'elle a pourtant profondément marquée.

Pour le réveillon de la Saint-Sylvestre de cette année-là, Olympe est invitée à imaginer un plat du menu avec ses confrères de l'époque, elle est la seule femme !

En 1984, *VSD* a demandé à Olympe et d'autres chefs de composer un repas de fête. De gauche à droite : Joël Robuchon, Georges Blanc, Michel Guérard, Gilbert Le Coze, Olympe, José Lampreia, Paul Bocuse © Jean-Paul Calvet

Bocuse se mettait toujours sur le côté lors de photos de groupe, il redoutait de se retrouver dans la pliure du journal !

« Dans les années 1970, j'étais une curiosité. »

Olympe, reine des médias !

3

À la fin des années 1970, Olympe est partout : à la télévision, à la radio, dans la presse avec des recettes, aux États-Unis, au Japon… Tout le monde se l'arrache et la courtise.

En 1977, l'émission *1 sur 5* diffusée sur Antenne 2 le mercredi après-midi lui consacre un reportage. Elle est filmée en parallèle avec une dénommée Roselyne, les deux ont en commun d'avoir renoncé à leurs études pour se consacrer à leur passion, la première pour la cuisine, la seconde pour la mode.

Olympe raconte, avec une diction parfaite et un calme olympien, sa vie de jeune cuisinière et son amour du produit « qu'il faut savoir choisir et aimer. Ce qui m'excite le plus, c'est de cuisiner des légumes rares comme le cardon ou le céleri », dit-elle. Elle compare son métier à ses années de conservatoire : « On entre en scène tous les soirs, on s'habille, on se prépare et puis on ouvre », et, comme au théâtre, « quelquefois c'est une bonne salle, quelquefois ce n'est pas le cas, mais on fait avec ». Pourtant, elle avoue aussi ses difficultés à aller en salle à ses débuts. « Je n'avais pas l'allure d'une cuisinière, j'étais très sérieuse et je n'osais pas aller en salle avant la fin du service de peur que les clients ne quittent le restaurant en me voyant et en ne me pensant pas capable. »

Dans le reportage, Olympe a pris de l'assurance et c'est avec aisance et une classe folle qu'elle évolue dans le restaurant. Elle sort de sa cuisine, vêtue d'une robe dos nu, pour apporter les plats à ses clients et, si elle n'a pas l'allure d'une cuisinière, elle ne manque sacrément pas d'allure.

En 1978, elle fait la connaissance de la journaliste Ève Ruggieri. Cette dernière est productrice et animatrice de l'émission *Le Regard des femmes*, diffusée le mardi après-midi sur TF1. Elle propose à Olympe de réaliser chaque semaine une recette en direct dans l'émission. Pendant quinze minutes, Olympe, impériale, élabore sa recette, face caméra et

>
Olympe au service
dans le restaurant du
14e arrodissement - 1978

sans prompteur comme si elle s'était toujours prêtée à cet exercice. Dans un décor très épuré de cuisine de ménagère, sobrement équipée d'une cuisinière 4 feux, d'une table en formica et d'une planche à découper, Olympe vêtue comme à la ville, élégante, maquillée et coiffée, s'applique avec une autorité naturelle.

Elle s'accommode des joies du direct sans sourciller et, pourtant, c'est parfois folklorique : la pomme qu'elle doit intégrer dans sa terrine a été croquée, le gâteau préparé à l'avance pour le final a été englouti par les techniciens pendant le direct, la cuisinière ne s'allume pas…

La chronique est animée alternativement par Patrick Bourrat, dont ce sont les débuts à la télévision, et Claude Ruben. Tous deux jouent les ingénus et lui posent des questions souvent cocasses auxquelles Olympe répond avec aplomb mais non sans humour ; ainsi, alors que Claude Ruben lui demande combien de temps il faut pour tourner un artichaut, elle lui tend un couteau et un légume, et lui suggère de se prêter à l'exercice en se chronométrant pour avoir la réponse à sa question. Elle les met volontiers à contribution et se moque gentiment d'eux, ne répondant pas aux questions sur les prix et sur la précision des quantités qu'elle juge superflues. Ultra-concentrée, elle reste imperturbable face à leurs blagues récurrentes et fait preuve de beaucoup de pédagogie et d'un grand professionnalisme.

Elle avoue pourtant aujourd'hui qu'elle était pétrifiée et qu'elle vivait le direct comme un cauchemar. La durée de sa prestation variait chaque semaine en fonction de l'actualité et des autres sujets, et elle n'apprenait qu'en début d'émission si elle disposait de neuf ou de douze minutes. Pas simple de préparer son intervention avec un temps de passage si fluctuant !

Olympe a été la première femme à réaliser des recettes en direct à la télévision. Avant elle, Raymond Oliver a été le pionnier avec l'émission *Art et Magie de la cuisine*, diffusée de 1954 à 1967 sur l'ORTF et coanimée avec Catherine Langeais. Son fils Michel prend la relève sur France 2 avec l'émission *La vérité est au fond de la marmite* à partir de 1978.

Michel Guérard et Anne-Marie Peysson occupent aussi l'antenne de 1977 à 1981 avec l'émission *La Cuisine légère*.

Dans ces émissions, les femmes n'ont qu'un rôle d'« assistantes » et n'en sont pas les vedettes; Olympe est la première à inverser la tendance.

En 1983, c'est au tour de Maïté et sa *Cuisine des Mousquetaires* de débarquer sur France 3 accompagnée de Micheline Banzet. Elles sont suivies en 1987 par Adrienne Biasin, cheffe du restaurant *Chez la vieille*, coqueluche de l'émission *Quand c'est bon y a pas meilleur* du journaliste et critique gastronomique François Roboth, diffusée le samedi midi sur France 3.

Cette même année 1978, Olympe est invitée à New York pour inaugurer le cinquième niveau du principal magasin de la chaîne américaine Bloomingdale's. Cet étage est entièrement consacré à la cuisine et Olympe coupe le ruban rouge aux côtés du directeur de la chaîne et d'invités prestigieux. Elle se verra offrir son premier couteau japonais, qui ne l'a jamais quittée.

<
À droite, le couteau qu'Olympe garde précieusement depuis 1958....

Tous les mardis après-midis sur TF1, Olympe réalise une recette en diroct.
v

Un peu plus tard, elle passe cinq semaines au Japon. Elle est l'invitée de la grande chaîne de magasins japonais Takashimaya pour laquelle elle va cuisiner. Durant son long séjour, elle fait une démonstration le midi et un dîner gastronomique chaque soir.

Olympe parcourt les villes dans lesquelles la chaîne est implantée et doit cuisiner assistée de chefs locaux. Ce ne sont que des hommes dont la moyenne d'âge oscille entre 55 et 70 ans, et qui n'ont jamais vu une femme en cuisine, *a fortiori* une jeune femme de 32 ans. Les débuts ne sont pas aisés, mais après des consignes très strictes traduites par l'interprète, ils sont tous sous le charme et aux ordres.

L'année suivante, c'est sur France Inter qu'on la retrouve, toujours aux côtés d'Ève Ruggieri. Début août, Olympe démarre une chronique cuisine quotidienne dans l'émission *La Femme de ma vie* consacrée au destin de femmes célèbres. Il s'agit de la grille d'été et l'émission n'est prévue que pour un mois.

Olympe lors de son
voyage au Japon - 1983
v

>
Ève Ruggieri et Olympe Versini – *ELLE* du 5 mai 1980 © Patrick JACOB, Marie de l'harpe / ELLE France

Le succès est tel que la rubrique durera un an et se prolongera par des interventions deux fois par semaine jusqu'en 1981.

L'émission commence à 8 h 30 mais la journaliste a placé la chronique d'Olympe à 10 heures pour lui laisser le temps de rejoindre la Maison de la Radio. Chaque matin, Olympe recommande une recette de saison en direct. Cette recette, elle est bien souvent écrite dans le taxi qui la conduit à la Maison de la Radio, après une courte nuit passée chez *Castel*. Olympe est cependant toujours ponctuelle et prête pour l'antenne, elle échange ensuite avec les auditeurs qui proposent leurs propres recettes.

À l'issue de cette année radiophonique, le premier livre de cuisine d'Olympe est publié. Elle y propose ses recettes et certaines des auditeurs de son émission avec Ève Ruggieri. Il s'appelle *La Cuisine d'Ève et Olympe* et paraît en 1980 aux éditions Mengès.

Pour
4 personnes

Tagliolinis ou spaghettinis aux tomates glacées

1 botte de coriandre fraîche
2 tomates
2 petits oignons frais
4 cuil. à soupe d'huile d'olive
400 g de pâtes fraîches
Sel, poivre

• Lavez, égouttez la coriandre, puis ciselez-la. Mettez-la dans un bol. Ajoutez les tomates épluchées et coupées en petits morceaux, l'oignon haché et l'huile d'olive. Salez, poivrez et mettez au frais pendant 15 min.

• Faites cuire les pâtes *al dente* dans une casserole d'eau en suivant les instructions sur le paquet.

• Versez la sauce bien froide sur les pâtes chaudes et mélangez immédiatement.

Céramique Robert Picault
Né à Paris en 1919, le céramiste (mais aussi photographe et cinéaste) est l'une des figures du renouveau de la céramique culinaire à Vallauris au milieu des années 1940. Ancien élève de l'École des arts appliqués de Paris, il a fondé, avec deux autres céramistes, l'atelier Callis installé au cœur du village potier où il va côtoyer Picasso, Fernand Léger et Aragon. Ses modèles aux formes traditionnelles locales décorés de dessins géométriques dans des tons à dominante verte ont connu un vif succès et sont encore recherchés par les collectionneurs d'art.

Ce plat était le préféré d'Ève Ruggieri avec laquelle Olympe a fait de nombreuses émissions de radio et de télévision.

Dans cet ouvrage, comme dans les suivants, elle dispense, sous la plupart des recettes, « le conseil d'Olympe ». Cette idée lui est venue à la suite des nombreux courriers de téléspectateurs ou d'auditeurs reçus après les émissions. Des coups de main, des astuces de cuisson, des sauces simplifiées, des conseils pour utiliser les restes, un rappel des saisons, tel condiment inattendu, telle petite herbe rare qui transforme un plat… Chaque recette est enrichie d'une astuce, fait peu courant dans les ouvrages de l'époque.

Au début des années 1980, Olympe est omniprésente dans la presse. On ne compte plus les journaux et magazines qui témoignent de son succès et qui font l'éloge de sa cuisine. Elle a aussi ses deux rubriques dans *Le Figaro* et le magazine *Intimité*.

Dans le premier, elle donne chaque samedi la « recette d'Olympe » assortie d'un conseil pratique. Dans l'hebdomadaire féminin, elle occupe deux pages de la partie « vie pratique ». Sous le titre « Dans la cuisine d'Olympe », elle développe plusieurs recettes autour d'un thème imposé.

<
Le deuxième livre d'Olympe, vendu à 80 000 exemplaires, a été épuisé au bout de 15 jours

>
Au milieu des années 1980, les recettes d'Olympe étaient publiées chaque samedi dans *Le Figaro*

Les recettes d'Olympe
Cervelle de veau aux poireaux
Paloudes farcies aux noix
Le truc d'Olympe
POMMES DE TERRE SAUTÉES A L'AIL AVEC LEURS PEAUX
Pour un dîner de réveillon
Raviolis de homard
Agneau de lait aux légumes nouveaux
Pour bien cuire les champignons
Huîtres chaudes au beurre de champagne
Salades fraîches composées
Terrine de lièvre marinée au vin rouge
Tian d'artichaut au vin

En 1982, elle est l'invitée de l'émission *Apostrophes* pour évoquer son nouveau livre, *La Cuisine d'Olympe*, lui aussi édité aux éditions Mengès. Entourée de Fernande Allard, Paul Bocuse, Frédy Girardet, Paul Haeberlin, Alain Senderens et Jean Lacouture, elle défend sa liberté en cuisine et son statut de femme chef avec l'audace qu'on lui connaît. À Bernard Pivot qui l'interroge sur l'absence aussi flagrante de femmes en cuisine – on ne parle même pas de femme chef! – elle répond que ses confrères ne veulent ni les accueillir, ni les former et qu'elles sont peu nombreuses à se présenter dans son propre établissement. Elle interpelle les chefs du plateau et leur livre une anecdote : quelques années auparavant, alors qu'elle était installée et reconnue, elle s'est amusée à les appeler incognito pour proposer ses services, se montrant volontaire et motivée. Tous ont refusé, argumentant que c'était un métier trop difficile pour les femmes, et Bocuse de commenter, goguenard, « c'est parce qu'on n'avait pas votre photo »…

En plus d'être l'invitée de cette émission, ce jour-là n'est pas n'importe quel jour dans la vie d'Olympe. Elle est enceinte de sa fille Sarah et très très proche du terme. Partie pour l'hôpital en fin de matinée, elle est installée par l'obstétricien dans une chambre car l'accouchement est imminent. Elle patiente, mais à 20 heures, elle décide qu'il n'est pas question qu'elle rate l'émission et file sur le plateau, escortée du médecin. À la fin de l'émission, les chefs décrètent avoir faim. Qu'à cela ne tienne, la voici en route pour le restaurant, suivie de près par le praticien. Lorsque la joyeuse bande est installée à table et a commencé à dîner, elle s'éclipse pour aller enfin accoucher dans la nuit.

Son livre, *Plaidoyer pour une cuisine de qualité*, est épuisé en quinze jours. La préface, rédigée par ses soins, décrit exactement ses valeurs et la façon dont elle imagine la cuisine : simple et libre. Le sous-titre du livre, « Une grande cuisine toute simple », paraphrase le titre du film de Jacques Manuel, *Une grande fille toute simple*, petit clin d'œil à sa passion pour le cinéma.

La presse internationale s'empare du succès de cette jeune femme et elle fait la une de nombreux médias étrangers.

Le *New York Times* consacre deux pages au *Restaurant d'Olympe* lorsqu'elle acquiert les trois toques au Gault & Millau.

Pierre Gagnaire ne se trompe pas lorsqu'il dit d'elle : « Olympe a eu le monde à ses pieds. »

>
Olympe sur le plateau d'*Apostrophes* en décembre 1982, elle accouchera trois heures plus tard de sa fille Sarah

Olympe, entourée de Fernande Allard, Paul Bocuse, Frédy Girardet, Paul Haeberlin, Jean Lacouture et Alain Senderens sur le plateau d'*Apostrophes*.
v

Dans le magazine Intimité, Olympe livre recettes, trucs et astuces chaque jeudi

recettes des antilles
PREMIÈRE PARTIE
le poireau
des recettes de régime faciles pour les difficiles
les fromages de
arces et farcis
le lait, roi de notre table
les soufflés réussis
PREMIÈRE PARTIE
fruits exotiques
les soupes rafraîchissantes
la cuisine indienne
DEUXIÈME PARTIE
savez-vous mang les choux?
petits trucs, des petits trucs toujours des petits trucs
le plaisir de faire ses pâtes
amusez-vous à fa amuse-gueule et des
gnons blancs s et nouveaux
des beignets pour mardi gras
l'artichaut
la cuisine allemande
boissons fraîc pour l'été
glaces et sorbets la fraîcheur de l'été

>
Photo prise par Daniel Aron pour une série sur les ustensiles préférés des chefs pour le magazine *Maison Française* - 1989

« Je fais au plus simple en mettant le produit au centre. »

Olympe est intransigeante sur la fraîcheur et la provenance de chaque produit qui entre dans sa cuisine. Elle respecte scrupuleusement les saisons et n'hésite pas à faire venir sa marchandise des quatre coins de la France.

Elle a évidemment une prédilection pour la Méditerranée, souvenir de son enfance passée entre la Provence de sa mère et la Corse de son père. Elle a aussi la mémoire de délicieux moments auprès de sa grand-mère italienne, fabuleuse cuisinière.

4

Les pâtes avec Ava
le mercredi - 2024

« Je fais au plus simple
en mettant le produit au centre. »

La pasta

De cette grand-mère piémontaise, elle a hérité d'un sens inné pour « la pasta » qu'elle prépare tous les matins. Dans les années 1970, rares sont les chefs à faire leurs pâtes fraîches, mais Olympe, toujours en avance sur son temps, ne déroge jamais à ce rituel, sans doute une des seules concessions qu'elle fait à la cuisine « à la minute », elle qui s'entête à ne faire aucune mise en place. Aujourd'hui encore, elle continue de préparer sa pâte, passion qu'elle transmet volontiers à sa petite-fille Ava.

Faites vous-même vos pâtes fraîches

Pour
4 personnes

500 g de farine de blé dur
1 pincée de sel
15 jaunes d'œufs
3 blancs d'œufs
1 cuil. à soupe d'huile d'olive

• Mélangez bien tous les ingrédients dans un récipient et travaillez la pâte afin d'obtenir un mélange homogène et lisse (la quantité d'œufs doit suffire pour lier la farine mais tout dépend de leur grosseur. Si nécessaire, ajoutez un ou deux jaunes, l'important est de ne pas mettre d'eau dans cette recette).

• Couvrez la pâte d'un linge et laissez-la reposer pendant 1 heure au frais.

Olympe « Pampa »
et Ava - 2024

PASTADRIVE
MADE IN ITALY BY
MARCATO S.p.A.
CAMPODARSEGO (PD)

Les écrevisses

C'est toute l'enfance d'Olympe. Dans les jardins de *L'Auberge de la Source*, des bassins accueillent écrevisses et truites pêchées à la commande. Il s'agit essentiellement d'écrevisses à pattes rouges, les meilleures, parfois des pattes blanches.

Elles viennent de Pologne ou de Turquie, rarement de France où les espèces invasives américaines ou de Louisiane ont commencé à conquérir les cours d'eau.

À Méounes, la famille s'adressait à la famille Hugou, reconvertie depuis dans la truffe.

À Paris, c'est chez Vanikoff, l'un des meilleurs poissonniers de Rungis, qu'Olympe se fournit. Loin des codes de la cuisine traditionnelle, elle invente de nouvelles recettes avec ces crustacés, au curry, à la tomate, en potage ou sautées… Olympe ne manque pas d'imagination pour les cuisiner.

Aujourd'hui, il n'est plus aussi facile de s'approvisionner en écrevisses et la qualité n'est pas toujours au rendez-vous. En France, Jérôme Moirot, astaciculteur en Haute-Marne, livre en fonction des quantités dont il dispose (adresse en fin d'ouvrage).

>
Olympe et un de ses légendaires plats d'écrevisses - 1981

^
Artichaut peint par
Olympe - 2024

« Je fais au plus simple
en mettant le produit au centre. »

L'artichaut

Légume préféré d'Olympe, il trône sur la carte de ses restaurants dès le premier établissement dans le 14e. Au curry, en omelette, en ragoût, en tian, en salade avec des écrevisses ou même frit, il est accommodé à toutes les sauces. Olympe a un petit faible pour l'épineux d'Italie et le violet de Provence, tous deux originaires de sa Méditerranée natale.

Thon peint par la maman d'Olympe - 1959
v

Le thon

Lorsque Olympe ouvre son deuxième établissement, le thon n'est pas un poisson couramment cuisiné et il est très peu servi dans les restaurants. Elle le connaît grâce à sa tante Vivi, qui en fait un court-bouillon divin. Elle le propose en alternative au cabillaud ou au turbot trop cher. Elle le sert bleu, comme un steak. À part Jean Minchelli, chef du restaurant de poissons *Le Duc*, personne ne cuisine le thon de cette manière. Ce poisson ne quitte plus la carte de ses restaurants et fait même fureur sur celle des *Bains Douches*.

«Mon meilleur plat de la semaine»

« Je viens d'en manger un grosse rouelle, encore rose en son centre, tendre, d'une saveur délicate, exquise. C'est évidemment au talent, au tour de main et à l'audace créatrice de la meilleure cuisinière du monde, Olympe, qu'il faut attribuer ce miracle. »

Henri Gault sur le thon au lard dans *Minute* - Septembre 1987

Pour
6 personnes

Thon au lard et aux oignons

6 pavés de thon de 4 cm d'épaisseur et d'environ 150 g chacun
150 g de lard fumé
30 petits oignons nouveaux
150 g de beurre
2 aubergines
3 cuil. à soupe de jus de citron
10 cl de sauce soja salée
2 cuil. à soupe de crème de gingembre (page 254)
24 feuilles de coriandre
Huile d'olive
1 cuil. à soupe d'huile d'arachide
Sel, poivre

• Salez et poivrez les morceaux de thon. Réservez au frais.

• Préchauffez le four à 170 °C (th. 5-6). Retirez la couenne du lard, coupez-le en bâtonnets de ½ cm de large. Pelez les oignons.

• Faites fondre 30 g de beurre dans une sauteuse de 26 cm de diamètre. Faites dorer les oignons à feu doux, 6 min environ, puis ajoutez les lardons. Poivrez et laissez cuire 5 min à feu doux. Égouttez oignons et lardons et réservez dans un petit plat au four.

• Coupez les aubergines en rondelles et faites-les dorer à la poêle dans un peu d'huile d'olive pendant environ 15 minutes.

• Rincez la sauteuse, épongez-la, versez l'huile d'arachide et ajoutez 30 g de beurre. Faites cuire les pavés de thon dans ce mélange, à feu moyen, 2 min de chaque côté, puis mettez-les dans un plat et glissez-les au four.

• Versez dans la sauteuse le jus de citron, la sauce soja, la crème de gingembre et faites bouillir le mélange 30 s sur feu vif. Ajoutez le beurre restant et fouettez vivement la sauce.

• Déposez les rondelles d'aubergines dans le fond de l'assiette. Posez les pavés de thon dessus, entourez-les de lardons et de petits oignons. Nappez de sauce, décorez de feuilles de coriandre et servez aussitôt.

Olympe a découvert le thon avec sa tante Vivi qui en faisait un court-bouillon extraordinaire. Au début des années 1980, personne ne le cuisinait et Olympe eut l'idée de le proposer à la carte du restaurant, moins coûteux que le cabillaud ou le turbot.

Artichauts poivrade en cocotte

Pour 4 personnes

- 8 artichauts frais
- Le jus de 1 citron jaune
- 3 tranches de lard fumé
- 16 petits oignons frais
- Thym
- Laurier
- 1 cuil. à café de farine
- 1 verre de vin rouge
- 1 verre de vin blanc
- Ciboulette
- 3 cuil. à soupe d'huile d'olive
- Sel, poivre

• Tournez les artichauts : brisez la queue pour ôter les fibres gênantes. Enlevez les feuilles les plus vertes, coupez le haut des artichauts, coupez-les en 4 et plongez-les dans une eau citronnée pour éviter qu'ils noircissent.

• Dans une cocotte à fond épais, versez 3 cuil. à soupe d'huile d'olive et faites revenir sur feu vif le lard coupé en morceaux, les petits oignons épluchés, les fonds d'artichauts essuyés, le thym, le laurier, le sel et le poivre. Remuez bien.

• Ajoutez la farine, remuez à nouveau et couvrez avec le vin rouge et le vin blanc. À la première ébullition, baissez le feu, couvrez la cocotte et laissez cuire 15 min. Ôtez le couvercle, ajoutez un peu d'eau et laissez cuire encore 15 min.

• La cuisson terminée, rectifiez l'assaisonnement, parsemez de ciboulette ciselée et servez chaud.

Le homard

Produit fétiche d'Olympe, il convoque le souvenir des repas de fêtes à Paris alors qu'elle était toute petite. Lorsque son père s'apprêtait à jeter les bestiaux dans la marmite, elle dansait dans la cuisine en criant « qu'on les embouille, qu'on les embouille ».

Elle n'est plus adepte de cette danse enfantine étrange et cruelle dans la cuisine du 14e, mais le homard est toujours présent à la carte. Traditionnellement rôti au beurre (mais de coriandre !) ou en raviole, c'est un classique incontournable. Comme si le cuisiner ne suffisait pas, Olympe le peint ou le sculpte.

<
Peinture à la gouache
par Olympe - 2004

Les épices

Entre une belle-mère antillaise qui l'a éduquée aux épices et au piment et son père, entiché de l'homme au turban du 16e arrondissement qui lui transmet sa passion, Olympe joue avec les épices dès l'ouverture du premier restaurant. Elle a un véritable don pour les associer et ils transforment bon nombre de ses plats. Elle profite aussi de ses virées à Marrakech avec Albert pour se ravitailler dans le souk du Mellah. Aujourd'hui, elle s'approvisionne sur le site de La Plantation® ou sur celui des épices Rœllinger® (adresses en fin d'ouvrage).

>
Cuir de poivre long de
Kampot - La Plantatio®n

Les langoustines

En ouvrant le restaurant, Olympe n'a aucune connaissance du poisson. On en cuisinait très peu à *L'Auberge*, si ce n'est la truite. Lorsqu'elle est devenue amie avec Maguy et Gilbert Le Coze, bretons et propriétaires du *Bernardin*, ces derniers l'ont invitée à Port-Navalo où leurs parents avaient un restaurant.

C'est là qu'elle a découvert ce petit crustacé qui a vite trouvé sa place sur la carte et ne l'a plus quittée. Gilbert Le Coze lui a aussi appris à choisir les meilleures à Rungis. En saison, c'est plusieurs caisses qui rejoignaient quotidiennement la chambre froide.

La sauce tamari

Comme la sauce soja, la sauce tamari est issue de la longue fermentation des fèves de soja. Mais à la différence de la sauce soja, elle ne contient pas de blé pour adoucir son goût. Il s'agit de pur soja fermenté qui offre un goût plus prononcé. Très salée, cette sauce permet d'assaisonner de nombreux plats.

La sauce soja est dès le début un incontournable de la cuisine d'Olympe. Un peu plus tard, elle découvre la sauce tamari et notamment une variété en provenance de Corée qu'elle achète par bidon de 20 litres et qu'elle utilise quotidiennement dans sa cuisine. Elle aime le goût intense et concentré de cette sauce.

\>
Peinture à la gouache
d'Olympe - 2001

Crème glacée à la feuille de figuier

*Pour
4 à 6 personnes*

4 belles feuilles de figuier
1 l de lait entier
8 jaunes d'œufs
5 cuil. à soupe de sucre en poudre

• Rincez et enlevez la queue des feuilles de figuier, coupez-les en gros morceaux et faites-les chauffer dans une casserole avec le lait à feu moyen.

• À la première ébullition, arrêtez le feu et laissez les feuilles infuser 15 min dans le lait chaud.

• Dans un récipient, mélangez les jaunes d'œufs avec le sucre jusqu'à ce que le mélange soit bien mousseux. Ajoutez 3 cuil. à soupe de lait tiède, mélangez bien puis transvasez la préparation dans la casserole.

• Remettez sur feu doux sans cesser de remuer à la spatule. La crème est cuite lorsqu'elle nappe la cuillère.

• Laissez refroidir à température ambiante en remuant régulièrement. Lorsque la crème est froide, déposez-la dans une turbine à glace et laissez prendre environ 30 min. Réservez au congélateur.

Les feuilles de figuier, c'est la Corse, le parfum de l'enfance, les vacances chez sa grand-mère avec laquelle elle cuisinait. Olympe aime le goût et l'odeur que les feuilles du figuier donnent à de nombreux plats. Elle en entoure l'épaule d'agneau, la daurade ou le fameux fiadone au brocciu corse ou bien elle réalise tout simplement une crème glacée en faisant infuser les feuilles dans le lait.

Invitée à raconter sa maison idéale pour le numéro de *Maison et Jardin* de décembre 1990, Olympe la dessine : « J'aime la pagode de Chanteloup et ma maison idéale lui ressemblerait un peu. Une tour, pour que toutes les pièces (une par étage) aient une vue sublime sur les paysages de Corse un jour d'orage. Tout en haut, la salle de bains presque dans le ciel et loin du monde. La bibliothèque aurait un air de maison palladienne. Bien sûr, il y aurait une belle cuisine et une cave, voûtée comme celle que j'ai photographiée un jour à Ouarzazate. Et les pièces seraient rondes, les couleurs fortes, les meubles anciens et baroques. »

SALLE de BAIN
BALCONS
CHAMBRES
BIBLIOTHÈQUE
SALON
PATIO ET
MAISON DES ENFANTS
SALON
cuisi

Olympe exploratrice

Les nouvelles expériences de la fin des années 1980

5

Au milieu des années 1980, Olympe multiplie les collaborations innovantes. Hubert Boukobza et Claude Challe, récents repreneurs des *Bains Douches*, temple de la nuit parisienne, lui confient la carte du restaurant du club. Elle imagine les recettes qui sont exécutées en cuisine par le chef Patrick Druart.

Patrick a démarré avec Olympe dans le 15e arrondissement. Après de nombreuses expériences dans des maisons plus « classiques », c'est le choc des cultures à son arrivée auprès d'elle et c'est aussi la première femme avec laquelle il collabore.

« Dans mes autres expériences, j'ai appris l'alphabet ; avec Olympe, j'ai appris la cuisine. À cette époque, ce ne sont pas des idées que nous avons en cuisine mais des interdictions, à mon arrivée chez Olympe, il n'y a plus aucun interdit. » Il arrive de chez Ledoyen où il vient de passer quatre ans auprès de Guy Legay, chef MOF et auréolé de deux étoiles. Il a appris la cuisine traditionnelle et l'importance de la mise en place. Dès potron-minet, on tourne les artichauts qu'on conserve dans l'eau citronnée, on précuit les épinards frais qui seront réchauffés au beurre… Pas chez Olympe où il faut oublier les bases et tout faire à la dernière minute.

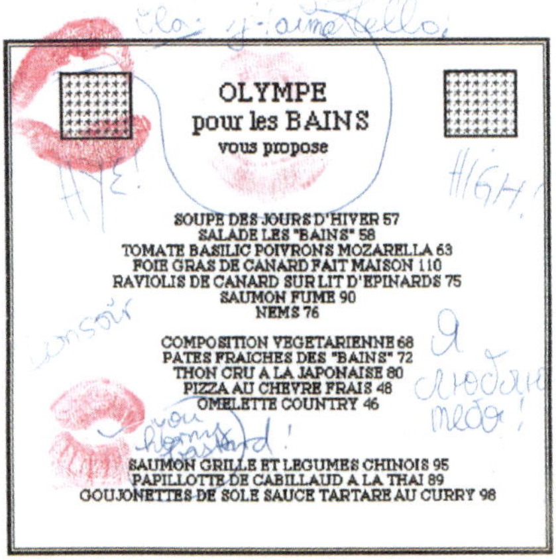
OLYMPE
pour les BAINS
vous propose

SOUPE DES JOURS D'HIVER 57
SALADE LES "BAINS" 58
TOMATE BASILIC POIVRONS MOZARELLA 63
FOIE GRAS DE CANARD FAIT MAISON 110
RAVIOLIS DE CANARD SUR LIT D'EPINARDS 75
SAUMON FUME 90
NEMS 76

COMPOSITION VEGETARIENNE 68
PATES FRAICHES DES "BAINS" 72
THON CRU A LA JAPONAISE 80
PIZZA AU CHEVRE FRAIS 48
OMELETTE COUNTRY 46

SAUMON GRILLE ET LEGUMES CHINOIS 95
PAPILLOTTE DE CABILLAUD A LA THAI 89
GOUJONETTES DE SOLE SAUCE TARTARE AU CURRY 98

VEAU COCO ET RIZ "BASMATI" 92
BROCHETTES DE POULET AU MIEL ET EPICES 82
PORC CONFIT AU CHOU CROQUANT 78
FILET DE BOEUF AUX 3 POIVRES 110
LAMP-CHOP GRILLE ET BROCHETTES DE LEGUMES 115
CHILI CON CARNE 68

SALADE DE FRUITS EXOTIQUES 63
CREME BRULEE AUX 2 SUCRES 58
CYGNE A LA FLEUR D'ORANGER ET FRUITS FRAIS CONFITS 55
TARTE FINE AUX POMMES TIEDES 58
GATEAU AU CHOCOLAT 53
SORBETS ET GLACES "BERTHILLON" 52

LUNDI
HACHIS PARMENTIER 75
MARDI
DAURADE AU FOUR 98
MERCREDI
CANARD AUX OLIVES 98
JEUDI
POT AU FEU 98
VENDREDI
PAVE DE THON SAUCE SOJA 92
SAMEDI
GIGOT D'AGNEAU 98
DIMANCHE
COTE DE BOEUF BEARNAISE
(2 PERS) 235

PRIX NETS . SERVICE COMPRIS

^
Portrait d'Olympe fait par l'artiste ZoiZoi aux *Bains Douches* - 1986

Le rythme est intense. Olympe envoie son service dans le 15e et quitte le restaurant vers minuit pour enchaîner un deuxième service aux *Bains* avec Patrick.

Ils servent 200 couverts chaque soir à partir d'une toute petite cuisine. Là aussi, le monde entier se presse pour goûter des plats dégustés nulle part ailleurs. Ils viennent manger du Olympe, du produit merveilleusement transformé, ce que font les chefs d'aujourd'hui mais qu'elle propose avec vingt ans d'avance.

<
La carte des *Bains Douches* annotée par la chanteuse Nina Hagen - 1987

> Avec les chefs
Jean-Marie Amat et José
Lampreia, Olympe imagine
un plateau télé devant
les résultats électoraux
pour *VSD* - 1986
© Jean-Paul Calvet

En 1987, elle se rend régulièrement à Saint-Barthélémy où elle signe la carte du *Guanahani*, la meilleure table des Caraïbes.

En 1987, alors que le concept de tasca n'a pas dépassé les frontières espagnoles, elle ouvre, avec son mari Albert et deux autres comparses, le *Comptoir*, rue Vauvilliers dans le 1er arrondissement de Paris.

On trouve à la carte souvent renouvelée des escargots de mer aux pommes de terre, des coques aux artichauts, du pied de veau aux lentilles, des crevettes à la noix de coco, des boulettes de volaille grillées, des tripes au piment, du poivron rouge aux anchois…

Le *Comptoir* est ouvert de 9 heures à 2 heures du matin, et ce n'est pas loin de 500 personnes qui sont servies durant cette longue amplitude horaire.

Olympe fait sans nul doute partie des premières à avoir proposé des tapas en France.

En 1988, Olympe se sépare d'Albert et quitte le restaurant. Elle prend du temps pour elle, voyage, peint, profite d'une inactivité qu'elle n'a jamais vraiment connue.
Mais la trêve est de courte durée.

La carte du *Comptoir*, très avant-gardiste pour l'époque - 1987
v

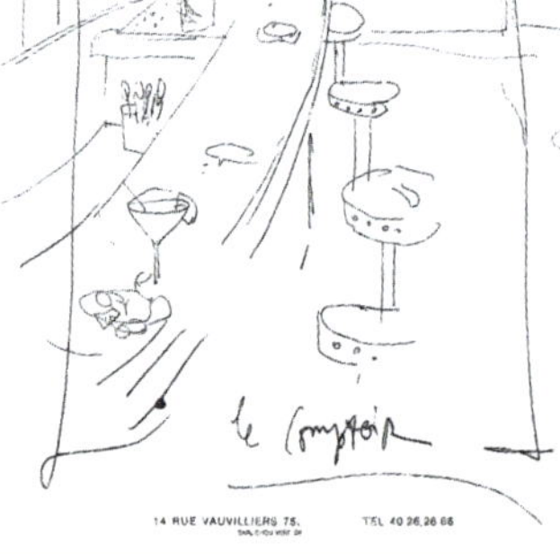

COMPTOIR

• CRUDITES SAUCE COCKTAIL	25.00
• SOUPE DE SAISON	20.00
• TARTINES TAPENADE ET ANCHOIADE	20.00
• BULOTS SAUCE BOURSIN	20.00
• TOMATES MOZARELLA	20.00
• AUBERGINES EN EVENTAIL	25.00
• SALADE DE POMMES DE TERRE AU THON	25.00
• CAVIAR D'AVOCAT	25.00
• SALADE DE PATES AU PISTOU	25.00
• RIZ AUX LEGUMES	25.00
• CROQUETTES DE POISSONS	25.00
• CROUSTILLANT DE BOEUF	25.00
• RISSOLES AUX EPINARDS ET FETA	30.00
• POIVRONS ROUGES AUX ANCHOIS	30.00
• PETITS FARCIS	30.00
• SAUMON MARINE	30.00
• THON CRU A LA JAPONAISE	30.00
• CREVETTES FRITES	30.00
• FOIE D'AGNEAU AUX OIGNONS	30.00
• BROCHETTES COMPTOIR	30.00
• BROCHETTES DE POULETS AUX EPICES	30.00
• BOULETTES DE BOEUF AU CUMIN	30.00
• TRAVERS DE PORC	30.00

PLAT DU JOUR : 50.00 Frs

• LUNDI: POT AU FEU
• MARDI: POTEE AU CHOU
• MERCREDI: COUSCOUS
• JEUDI POULE AU RIZ
• VENDREDI: BRANDADE DE MORUE
• SAMEDI: PINTADE ROTI AU BASILIC
• DIMANCHE: BRUNCH (de12H A 17H) 100.00 FRS
HACHIS PARMENTIER 50.00 FRS

DESSERTS :

• FROMAGE	30.00
• CREME BRULEE	25.00
• MOUSSE AU CHOCOLAT	25.00
• GATEAU PETITS LU	25.00
• RIZ AU LAIT CARAMEL	20.00
• DESSERT DU JOUR	25.00
• ENTREMET COMPTOIR	30.00
• TARTELETTE AUX POMMES	16.00

TOUS LES JOURS A MIDI:
• SALADE COMPTOIR 50.00 Frs

14 RUE VAUVILLIERS 75001 PARIS TEL 40 26 26 66

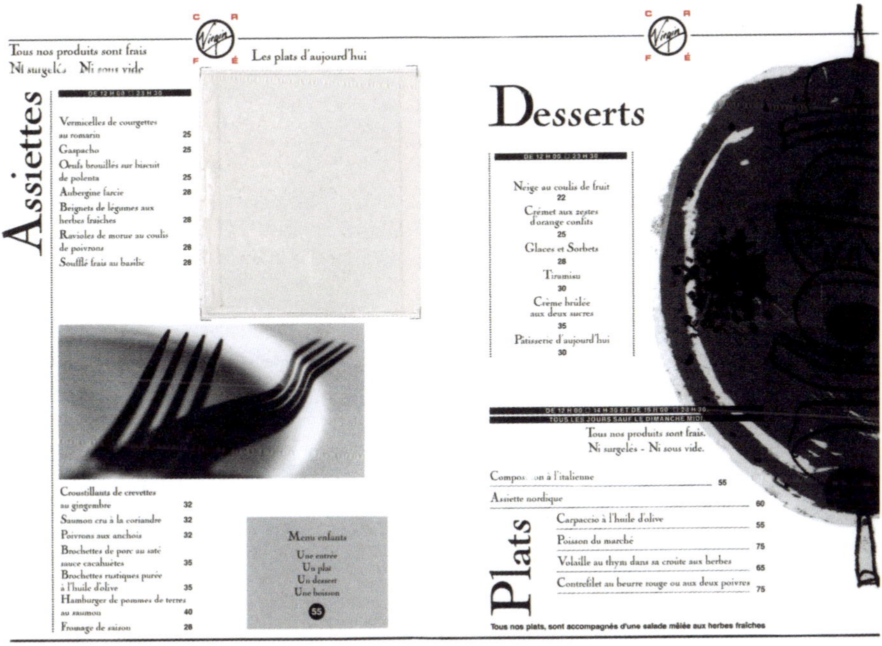

^
La carte du Virgin Megastore - 1990

En 1989, Patrick Zelnik et Patrick Hourquebie découvrent les propositions d'Olympe au *Comptoir* et ont tout de suite envie de créer un lieu dans le même esprit au sein des futurs espaces de restauration des Virgin Megastore.

En 1990, le Virgin Megastore des Champs-Élysées est le premier à ouvrir à la place du siège de la City Bank. Installé dans un monument des années 1930 d'André Arfvidson à l'architecture grandiose, le magasin est spectaculaire. Le rayon polar est installé dans l'ancienne salle des coffres et la porte gigantesque est désormais ouverte de 10 heures à minuit.

Phénomène commercial de la fin des années 1980, les Virgin Megastore en France ont ouvert successivement à Marseille, Paris et Bordeaux. Leur ouverture le dimanche a fait grand bruit et, si les magasins ont dû fermer compte tenu des lourdes amendes infligées, les cafés restaient ouverts et ne désemplissaient pas.

Ils échangent dans un premier temps avec les associés d'Olympe au *Comptoir* mais se rendent rapidement compte que c'est surtout elle qui est derrière ce concept nouveau.

Ils lui font visiter le chantier du Virgin et découvrent une autre facette d'Olympe : en plus d'être la cuisinière chevronnée que l'on connaît, elle est une entrepreneuse qui ne s'en laisse pas conter, qui sait exactement ce qu'elle veut et, surtout, ce qu'elle ne veut pas ! Le projet initial n'est pas à la hauteur et elle refuse de s'engager sans avoir la possibilité de mettre son grain de sel dans la réalisation de ce futur restaurant.

Plutôt qu'un banal comptoir en sous-sol, Olympe obtient un grand espace au premier étage du magasin.
Plutôt que répéter la cuisine du *Comptoir* en version gastronomique, elle préfère imaginer un concept global adapté à cette nouvelle façon de consommer dans un espace de vente, grande première pour l'époque.

Et cette aventure, c'est finalement seule qu'elle la signe, sans associé, mais avec Patrick Druart en cuisine, fidèle lieutenant depuis l'aventure des *Bains Douches*. Leur tandem fonctionne à merveille : elle pense, il exécute.

Le Virgin Megastore n'est pas un simple magasin mais un lieu de rencontres et de loisirs où un restaurant trouve naturellement sa place. Le *Virgin Café* sera donc un fast-food de luxe, où rapide ne doit surtout pas rimer avec insipide. Elle obtient carte blanche pour créer la carte qu'elle veut. Elle imagine son fameux hamburger de pommes de terre au saumon qui devient rapidement le best-seller du *Virgin Café* (ils n'en vendent pas loin de 100 par jour), propose des raviolis de canard au jus et aux épinards et, marque de fabrique de la cheffe, ce ne sont que des produits frais qui sont proposés à la carte. « Nous nous efforçons de faire découvrir des produits simples, abordables pour tous, et cependant très bons », précise Olympe.

Elle intervient aussi dans la décoration de la salle en accord avec le décorateur Patrice Vansteenberghe. Fauteuils en bois foncé et toile grise côtoient chaises et banquettes de cuir noir ou rouge. Sur une idée d'Olympe, quelques tables hautes côtoient les tables basses, apportant ainsi des aspérités dans l'espace. Le style des années 1930 et l'expressionnisme allemand sont ses principales sources d'inspiration.

Première critique dans le *Figaroscope* par François Simon au moment de l'ouverture - 1990
v

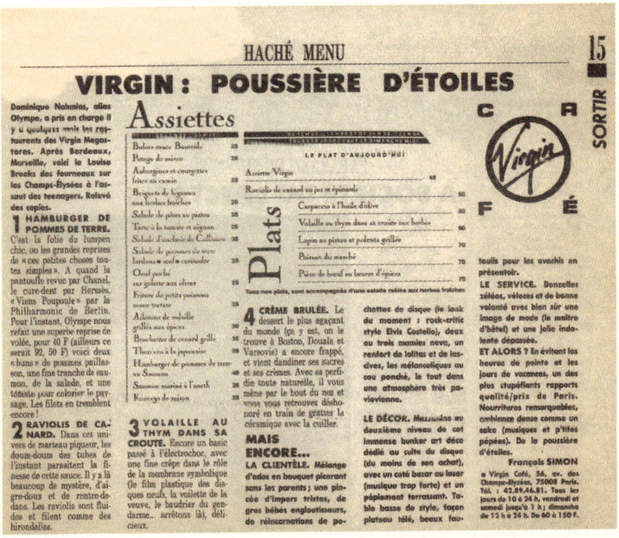

15
SORTIR

HACHÉ MENU

VIRGIN : POUSSIÈRE D'ÉTOILES

Dominique Nahmias, alias Olympe, a pris en charge il y a quelques mois les restaurants des Virgin Megastores. Après Bordeaux, Marseille, voici la Louise Brooks des fourneaux sur les Champs-Élysées à l'assaut des teenagers. Relevé des copies.

1 HAMBURGER DE POMMES DE TERRE. C'est la folie du lumpen chic, ou les grandes reprises de « ces petites choses toutes simples ». A quand la pantoufle revue par Chanel, le cure-dent par Hermès, « Viens Poupoule » par la Philharmonic de Berlin. Pour l'instant, Olympe nous refait une superbe reprise de volée, pour 40 F (ailleurs ce serait 92, 50 F) voici deux « buns » de pommes paillasson, une fine tranche de saumon, de la salade, et une tomate pour colorier le paysage. Les filets en tremblent encore !

2 RAVIOLIS DE CANARD. Dans cet univers de marteau piqueur, les doum-doum des tubes de l'instant parasitent la finesse de cette sauce. Il y a là beaucoup de mystère, d'aigre-doux et de rentre-dedans. Les raviolis sont fluides et filent comme des hirondelles.

Assiettes

Bulots sauce Bourride	25
Potage de saison	26
Aubergines et courgettes frites au cumin	25
Beignets de légumes aux herbes fraîches	25
Salade de pâtes au pistou	25
Tarte à la tomate et oignon	25
Salade d'anchois de Collioure	28
Salade de pommes de terre lardons ■ œuf ■ coriandre	25
Oeuf poché sur galette aux olives	25
Friture de petits poissons sauce tartare	25
Ailerons de volaille grillés aux épices	30
Brochettes de canard grillé	35
Thon cru à la japonaise	38
Hamburger de pommes de terre au Saumon	40
Saumon mariné à l'aneth	35
Fromage de saison	25

3 VOLAILLE AU THYM DANS SA CROUTE. Encore un basic passé à l'électrochoc, avec une fine crêpe dans le rôle de la membrane symbolique (le film plastique des disques neufs, la voilette de la veuve, le baudrier du gendarme... arrêtons là), délicieux.

LE PLAT D'AUJOURD'HUI

Assiette Virgin	45
Raviolis de canard au jus et épinards	50

Plats

Carpaccio à l'huile d'olive	50
Volaille au thym dans sa croûte aux herbes	60
Lapin au pistou et polenta grillée	70
Poisson du marché	70
Pièce de bœuf au beurre d'épices	75

Tous nos plats, sont accompagnés d'une salade mêlée aux herbes fraîches

4 CRÈME BRULÉE. Le dessert le plus agaçant du monde (ça y est, on le trouve à Boston, Douala et Varsovie) a encore frappé, et vient dandiner ses sucres et ses crèmes. Avec sa perfidie toute naturelle, il vous mène par le bout du nez et vous vous retrouvez déshonoré en train de gratter la céramique avec la cuiller.

MAIS ENCORE...

LA CLIENTÈLE. Mélange d'ados en bouquet picorant sans les parents ; une pincée d'impers tristes, de gros bébés engloutisseurs, de réincarnations de pochettes de disque (le look du moment : rock-critic style Elvis Costello), deux ou trois mamies nova, un renfort de lolitas et de lascives, les mélancoliques au cou penché, le tout dans une atmosphère très pavievionne.

LE DÉCOR. Mezzanine au deuxième niveau de cet immense bunker art déco dédié au culte du disque (du moins de son achat), avec un coté bazar au laser (musique trop forte) et un pépiement terrassant. Table basse de style, façon plateau télé, beaux fauteuils pour les avachis en présentoir.

LE SERVICE. Donzelles zélées, véloces et de bonne volonté avec bien sûr une image de mode (le maître d'hôtel) et une jolie indolente dépassée.

ET ALORS ? En évitant les heures de pointe et les jours de vacances, un des plus stupéfiants rapports qualité/prix de Paris. Nourritures remarquables, ambiance dense comme un cake (musiques et p'tites pépées). De la poussière d'étoiles.

François SIMON

● Virgin Café, 56, av. des Champs-Élysées, 75008 Paris. Tél. : 42.89.46.81. Tous les jours de 10 à 24 h, vendredi et samedi jusqu'à 1 h ; dimanche de 12 h à 24 h. De 60 à 150 F.

<
Dessin de Cabu, de passage au Virgin Megastore - 1991

Hamburger de saumon fumé

Pour 4 personnes

600 g de pommes de terre charlotte épluchées et coupées à la mandoline en bâtonnets
1 poignée de mesclun
2 tomates moyennes mûres lavées et coupées en fines rondelles
500 g de saumon fumé sauvage d'Écosse coupé en tranches moyennement fines
12 fines rondelles d'oignon rouge
4 cuil. à soupe de chantilly aux épices et aux herbes (recette ci-dessous)
4 brins d'aneth
1 citron jaune coupé en 4
Huile d'arachide
Huile d'olive
Sel fin

Chantilly aux épices et aux herbes

20 cl de crème fleurette
4 pincées de piment d'Espelette en poudre
4 pincées de gingembre en poudre
4 pincées de piment Niora en poudre
1 cuil. à café d'aneth ciselé
Le jus de ½ citron jaune
½ cuil. à café de sel fin

• Préparez des pommes Darphin. Faites chauffer 1 cuil. à café d'huile d'arachide dans une poêle à blinis. Déposez 1/8e des pommes de terre coupées en bâtonnets, salez et faites dorer les galettes à feu moyen 5 min de chaque côté pour que la pomme de terre soit cuite à l'intérieur et croustillante à l'extérieur. Renouvelez l'opération pour obtenir 8 galettes. Réservez au chaud.

• Fouettez la crème fleurette au batteur avec le sel jusqu'à ce qu'elle devienne aérienne, ajoutez les épices et les herbes et mélangez bien.

• Réservez au réfrigérateur 1 heure maximum, cette chantilly ne se conservera pas plus longtemps.

• Au moment de servir, dressez successivement dans 4 assiettes individuelles : 1 galette de pommes de terre, du mesclun très légèrement assaisonné d'huile d'olive et de sel, quelques rondelles de tomates très légèrement salées, le saumon, 3 rondelles d'oignon, 1 cuil. à soupe de chantilly aux épices et aux herbes, et terminez par une galette de pommes de terre et un brin d'aneth. Servez accompagné de ¼ de citron.

À la tête des cuisines d'une grande surface comme le Virgin Megastore, Olympe devait créer un plat qui ferait sens servi dans un tel environnement tout en privilégiant les produits de qualité. Elle a imaginé le hamburger de saumon, devenu un best-seller, comme un pied de nez au McDo voisin.

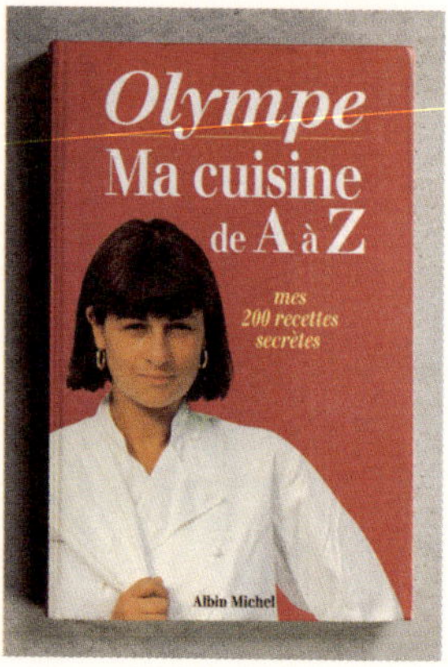

^
Ma cuisine de A à Z - 1991

Le troisième livre d'Olympe, *Ma cuisine de A à Z*, paraît en 1991 aux éditions Albin Michel. Sous la forme d'un abécédaire dédié à ses ingrédients fétiches, 200 recettes secrètes sont livrées et, comme dans les précédents ouvrages, Olympe prodigue astuces et conseils pour chaque ingrédient.

Cette période est aussi marquée par des contributions au magazine *Côté Sud* pour lequel elle réalise deux reportages en Corse et au Maroc. Apprentie journaliste, Olympe livre ses adresses, ses souvenirs de repas de famille et ses recettes dans le sujet consacré à la Corse.

En juillet 2004, un grand sujet est consacré à Olympe dans la magazine *Elle à Table*. Elle retourne sur les terres de la famille de sa grand-mère paternelle à Calcatoggio dans le golfe de Sagone en Corse. Elle fait le tour des producteurs auprès desquels elle s'approvisionne et réalise des recettes pour le magazine.

^ >
Reportage en Corse pour le *ELLE à Table* en juillet 2004 @ Eric d'Hérouville

4

Son compagnon de l'époque, Éric Morin, doit photographier l'univers du personnage de Bobo le héros, créé par l'artiste Gilles Cenazandotti pour le magazine *The world of Interiors*. Olympe devient ainsi la cuisinière de Bobo.

« On s'emmerde aujourd'hui dans les restaurants chers. C'est ma première motivation. »

La bistronomie façon Olympe

6

Olympe à l'entrée de la
Casa Olympe - 2005
@ Maurice Rougemont
v

Au numéro 48 de la rue Saint-Georges dans le 9e arrondissement de Paris se trouvait la *Casa Miguel*. Ce restaurant a détenu pendant cinquante ans le titre de restaurant le moins cher de France, et même du monde occidental, dans le *Guinness Book*.

Pendant toutes ces années, Mme Codina a proposé un menu complet à 5 francs.

Bien avant les Restos du Cœur, elle voulait aider les plus démunis à se nourrir et elle n'a jamais modifié le prix du menu. Des Parisiens défavorisés, quelques touristes curieux de la réputation internationale de l'établissement, des travailleurs étrangers ou des sans-abri, tous se sont côtoyés dans la petite salle. Mme Miguel, comme on l'appelait, était une pionnière de la lutte contre la pauvreté et les inégalités. Son mantra, « Mourir de faim dans un monde d'excédents est une absurdité », ne l'a jamais quittée.

Un soir de 1993 qu'Olympe dîne avec un ami agent immobilier, elle apprend l'existence de la *Casa Miguel* laissée à l'abandon depuis cinq ans. À la fin du repas, elle lui demande de l'emmener sur place. Elle regarde par la fenêtre la salle figée dans le temps, les bouteilles d'eau encore posées sur les tables à côté des verres Duralex sur les nappes fleuries… le bazar ambiant (Mme Codina était atteinte du syndrome de Diogène), et elle a un coup de cœur. Elle débourse 30 000 francs et acquiert la *Casa Miguel* sans aucune idée de ce qu'elle va y faire, mais une chose est sûre, la gastronomie et la piste aux étoiles, c'est terminé. Elle a aussi envie de rester discrète et ne fait rien pour replonger dans la médiatisation frénétique qu'elle a connue dans le 15e. Elle veut cuisiner, un point c'est tout.

Elle lance des travaux d'envergure pour transformer le taudis en bistrot. Sur les murs ocre patinés et bordés d'une frise de feuilles d'olivier, elle accroche des tableaux de sa mère évoquant sa Provence natale. Elle suspend des éclairages en verre de Murano et achève les travaux avec une façade amusante qui rappelle les couvertures de la collection « Série Noire » de Gallimard.

En octobre 1993, le restaurant *La Casa Olympe* ouvre et Olympe reçoit chez elle, comme à la maison. Pour accueillir ses clients, elle engage une jeune femme qui n'est pas une professionnelle de la restauration. Elle veut une maîtresse de maison qui reçoit chaleureusement dans la joie et la bonne humeur et Janine Reynaud joue ce rôle à merveille. Avec Dominique Blin, le maître d'hôtel qui passera vingt ans à la *Casa Olympe*, ils sont aux petits soins pour les clients.

Elle engage aussi un chef, Miguel Gonzalez, qui se souvient en souriant de son entretien d'embauche express : « Elle est arrivée en retard et pressée. Elle m'a donné ses livres de cuisine et m'a dit : "Si ça vous plaît, je vous attends demain à 9 heures." »

Son parcours ne l'intéresse pas, il faut surtout que le courant passe, et puis il s'appelle Miguel, du nom du restaurant précédent, « c'est un signe », dit-elle. Miguel a passé douze ans en cuisine avec Olympe. C'est sa meilleure maison, elle lui a tout appris et il lui voue une admiration sans bornes.

Elle veut aussi que ses équipes aient du temps pour elles et décide, de façon très avant-gardiste une fois encore, de n'ouvrir que cinq jours par semaine et de fermer le restaurant le week-end, tous les jours fériés et deux mois par an.

Les plats sont cuisinés dans des cocottes qu'elle pose sur la table, la plupart pour être partagés entre les convives. Elle a sillonné les brocantes de France à la recherche de cocottes en fonte : « Le matériel neuf n'a pas les mêmes qualités que le vieux, la fonte y est plus poreuse. » Olympe aime le matériel qui a déjà vécu et qui possède une histoire. Servir une recette dans le plat dans lequel elle a été préparée ne se fait pas du tout à cette époque, et c'est bien pour cette raison qu'elle décide d'innover en la matière.

Les prix sont bien plus doux que dans ses établissements précédents, elle signe là une « cuisine du bon sens » comme elle l'inscrit en exergue sur le menu. On est accueillis, ou plutôt cueillis, par les croustillants de boudin noir, des oreilles de cochon en salade tiède ou des galettes de farine de châtaigne. Le cabri au romarin ou le lapin aux haricots blancs est servi en cocotte et la poêlée de cèpes posée sur la table, dans la poêle en fer dans laquelle ils ont été cuisinés. La cuisine d'Olympe est toujours aussi goûteuse et elle n'a rien perdu de la passion pour le produit qui l'habite depuis la rue du Montparnasse.

Miguel se remémore avec fascination l'attention qu'Olympe portait aux produits et sa volonté de ne pas léser les clients en leur proposant le meilleur. « Elle cuisinait de façon instinctive. Sans jamais ouvrir le moindre livre, elle imaginait des plats savoureux et ne se trompait jamais, le goût était toujours là. »

À nouveau, le restaurant ne désemplit pas. Les clients du *Restaurant d'Olympe* la retrouvent avec joie, de nouveaux fidèles prennent leurs habitudes. Faute d'écrevisses à la carte, Mick Jagger la délaisse, mais Serge Gainsbourg vient régulièrement se régaler de l'épaule d'agneau. Comme dans les autres établissements, Olympe accueille encore de nombreuses vedettes du cinéma et de la chanson avec toujours autant de discrétion.

Tous les matins, Janine
écrit les plats du jour sur
le tableau noir – 2005
@ Maurice Rougemont
v

<
Olympe et Janine
Reynaud à la *Casa
Olympe* - 2005
@ Maurice Rougemont

Pour
4 personnes

Croustillants de boudin noir au mesclun

4 belles poignées de mesclun, avec beaucoup de roquette sauvage
4 boudins noirs
5 feuilles de brick coupées en 4
Vinaigrette (recette ci-dessous)
1 cuil. à soupe de coriandre fraîche lavée et hachée
Huile d'arachide ou de pépins de raisin

Vinaigrette
10 cuil. à soupe d'huile d'olive
6 cuil. à soupe de vinaigre de Banyuls
2 cuil. à soupe de sauce soja salée
1 échalote grise épluchée et hachée finement
Sel fin

• Lavez et essorez la salade.

• Coupez le boudin en rondelles d'environ 1,5 cm d'épaisseur. Entourez chaque rondelle de boudin dans ¼ de feuille de brik.

• Faites chauffer l'huile dans une grande poêle. Faites dorer les rondelles de boudin environ 1 min de chaque côté. Égouttez-les bien sur du papier absorbant.

• Mettez la salade dans un saladier et assaisonnez-la de vinaigrette.

• Mettez les croustillants de boudin sur un plat de service et parsemez-les de coriandre. Servez bien chaud.

• Pour la vinaigrette, mélangez bien le tout dans un grand bol et conservez cette vinaigrette 4 à 5 jours au maximum au réfrigérateur.

Cette recette a été imaginée pour le cocktail d'une soirée consacrée aux Deschiens (série de sketchs courts et comiques créée en 1993 par Jérôme Deschamps et Macha Makeïeff pour Canal +). L'épisode de la glace au boudin avait marqué les esprits, il fallait lui rendre hommage avec cette recette au boudin noir !

Galettes de farine de châtaigne et œuf poché

Pour
8 personnes

250 g de farine de châtaigne corse tamisée
9 œufs
10 cl de bière corse ou, à défaut, de bière ambrée
10 cl de lait entier
2 cuil. à soupe de crème épaisse
30 cl d'eau froide
70 g de lardons fumés
3 poignées de jeunes épinards lavés et équeutés
2 cuil. à soupe de ciboulette lavée et ciselée
40 g de beurre
Gros sel, sel fin, poivre mignonnette

2 poêles à blinis antiadhésives de 12 cm de diamètre

• Préchauffez le four à 180 °C (th. 6).

• Dans un saladier, mettez la farine de châtaigne tamisée, 1 œuf entier, la bière, le lait, la crème, 2 pincées de sel fin et l'eau. Mélangez avec un fouet ou un mixeur plongeant afin d'obtenir une pâte bien homogène.

• Dans une petite poêle, faites revenir les lardons pendant 1 min. Jetez le gras et réservez les lardons.

• Dans cette même poêle, mettez une noix de beurre et les épinards. Faites cuire à feu vif pendant 1 min. Salez et réservez avec les lardons.

• Dans chaque poêle à blinis, faites fondre une petite noisette de beurre, mettez quelques lardons, quelques feuilles d'épinards cuits et versez dessus une petite louche de pâte de châtaigne sur une épaisseur de 1 cm. Faites cuire la galette à feu doux jusqu'à ce que la pâte soit prise et retournez-la pour en achever la cuisson. Il faut que la galette soit d'une belle couleur dorée.

• Réservez les galettes dans le four chaud et entrouvert au fur et à mesure de la cuisson des autres galettes.

• Tapissez l'intérieur de 8 tasses à café avec du film alimentaire en laissant largement dépasser le film. Beurrez le film au pinceau et cassez un œuf par tasse. Refermez le film hermétiquement sur l'œuf.

• Faites chauffer une grande casserole d'eau. Lorsque l'eau frémit, déposez dedans les œufs dans leur film fermé et laissez cuire 3 min. Retirez-les ensuite de l'eau et mettez-les dans un plat. Dégagez chaque œuf poché de son film et dressez-le sur chaque galette.

• Faites fondre le beurre restant avec du sel dans une petite casserole. Versez sur chaque œuf 1 cuil. à soupe de ce beurre fondu salé. Poivrez et parsemez de ciboulette.

Olympe a imaginé cette recette pour un reportage qu'elle a réalisé en Corse pour le magazine *Côté Sud* en 1990. Comme un retour au pays, elle a créé tout un repas familial immortalisé par son compagnon de l'époque dans une vieille demeure du cap Corse.

À JP Géné, critique gastronomique à *Libération* qui lui demande : « Pourquoi revenir en cuisine et à ce prix ? », elle répond : « Parce qu'on s'emmerde aujourd'hui dans les restaurants chers. C'est ma première motivation. »

Quelques mois avant l'ouverture de la *Casa Olympe*, Yves Camdeborde a lui aussi délaissé la haute gastronomie en ouvrant *La Régalade*. Après un apprentissage au *Ritz*, un passage à *La Tour d'Argent* et quelques années à l'*Hôtel de Crillon* avec Christian Constant, il veut proposer une autre forme de gastronomie, et la course aux étoiles ne l'intéresse pas. Il est convaincu que l'assiette fait certes la réussite d'un restaurant mais que l'ambiance et la convivialité sont indispensables. La notion d'aubergiste prend là tout son sens. Il invente une autre forme de cuisine, entre gastronomie et brasserie, prônant la qualité du produit et l'authenticité. Le formidable journaliste Sébastien Demorand la qualifie plus tard de « bistronomie » et nomme Yves Camdeborde comme chef de file.

Pour Yves Camdeborde, Olympe, d'une certaine façon, a ouvert la voie à cette nouvelle façon de cuisiner bien avant tout le monde. « C'est notre mère à tous. C'est une grande cuisinière qui ne triche pas. Elle a tout de suite compris que le plus important, c'est de respecter le produit, de le mettre au centre de la cuisine et de donner du plaisir aux clients. »

Olympe, reine de Paris dans les années 1970-1980, excite la curiosité d'Yves et de ses collègues bistrotiers du début des années 2000. « Elle n'a peur de rien. Elle fait ce qu'elle veut, comme elle veut. Malgré une certaine gouaille, elle a une classe folle. Son franc-parler impose le respect et notamment celui de ses confrères, et surtout, elle est libre. »

>
Olympe dans son restaurant - 2005

Yves se souvient de leurs échanges, ressemblant souvent à de véritables débats, et de leurs virées auxquelles Olympe participait avec entrain. Il apprécie sa franchise, rare dans ce milieu si hypocrite. Il sait qu'en lui demandant conseil, elle ne va pas lui servir la langue de bois habituelle, mais être honnête et vraie. « Échanger avec elle me fait grandir », dit-il.

2003 est l'année de parution du quatrième ouvrage d'Olympe intitulé très justement *La Gourmande impatiente*. Il est le premier d'une nouvelle collection chez l'éditeur Robert Laffont. Elle fait suite à celle dite des « Grands Chefs » inaugurée par Michel Guérard avant d'être suivi de près par tous les autres.
Après quelques années de pause, l'éditeur Robert Laffont décide de consacrer sa collection « Table Ouverte » aux adresses bistrotières peu concernées par la chasse aux étoiles.
Olympe en sera la marraine et Yves Camdeborde le parrain, avec chacun un livre paru à quelques semaines d'écart. Celui de Thierry Breton arrivera l'année suivante.

Durant ces vingt années de la *Casa Olympe*, elle se fait plus discrète dans la presse. Il est loin le temps de l'hypermédiatisation du restaurant du 15e, des recettes hebdomadaires et des émissions de télé.
Elle ne concède qu'à quelques reportages, tel ce sujet sur ses terres corses avec Monique Duveau en 1993 pour *Côté Sud* qui marque le début d'une amitié durable, ou bien dans les Escapades de *Petitrenaud* en janvier 2012 durant lesquelles le célèbre animateur dit très justement d'Olympe qu'elle cuisine comme elle respire.

En 2013, elle décide de vendre le restaurant et de se consacrer à ses autres passions.

Épaule d'agneau de Sisteron rôtie

Pour
6 à 8 personnes

6 tomates
2 belles épaules entières d'agneau de Sisteron ou des Pyrénées, de 1,2 kg chacune
2 kg de pommes de terre charlotte
12 gousses d'ail en chemise
3 brindilles de thym frais ou sec
2 cuil. à soupe de persil plat
Huile d'arachide ou de pépins de raisin
Gros sel, poivre mignonnette

• Préchauffez le four à 260 °C (th. 8-9).

• Dans un plat allant au four, coupez les tomates en 4, salez, poivrez et arrosez-les d'un peu d'huile. Faites-les cuire au four à l'avance pendant 20 min environ (elles pourront être réchauffées au dernier moment).

• Mettez un grand plat allant au four sur un feu vif, versez 3 cuil. à soupe d'huile et faites dorer les épaules entières. Salez au gros sel et enfournez pendant 40 à 50 min.

• Faites cuire les gousses d'ail à part dans un peu d'huile de pépins de raisin.

• Mettez 5 cuil. à soupe d'huile dans un autre plat allant au four. Épluchez et coupez les pommes de terre en cubes. Placez le plat sur un feu vif et déposez les pommes de terre dedans. Salez, ajoutez les gousses d'ail et remuez l'ensemble. Lorsque les pommes de terre commencent à dorer légèrement, parsemez de thym et terminez la cuisson au four pendant 35 min environ.

• Lorsque les épaules et les pommes de terre sont cuites, éteignez le four et glissez le plat de tomates. Laissez reposer le tout 5 à 10 min dans le four.

• Découpez les épaules, dressez les morceaux d'agneau sur les pommes de terre dans le plat de cuisson, poivrez et parsemez de persil. Servez les tomates à part.

Cette recette fait partie d'une des premières de la Casa Olympe. *À l'époque, servir la viande (ou le poisson) dans le plat de cuisson ne se faisait pas, la préparation était transvasée dans un plat ou dans l'assiette. Pas à la* Casa Olympe *ou la cheffe apportait les plats sur la table que les convives se partageaient.*

*Pour
6 personnes*

Crépinettes de pieds de veau aux légumes sautés

2 pieds de veau entiers
10 grains de poivre noir
1 bouquet garni
350 g de crépine de porc
1 courgette
1 poivron rouge
½ cuil. à café de poudre de combava La Plantation®
1 cuil. à soupe de ciboulette ciselée
1 cuil. à soupe de feuilles de persil plat hachées
1 cuil. à soupe de feuilles de coriandre hachées
Vinaigre de vin
Huile d'arachide
Gros sel, poivre du moulin

• Dans une casserole, mettez les pieds de veau et couvrez-les d'eau. Ajoutez le gros sel, les grains de poivre noir et le bouquet garni. Couvrez et laissez cuire à feu doux 4 à 5 heures. Ajoutez de l'eau en cours de cuisson si nécessaire.

•Faites tremper la crépine dans de l'eau fraîche. Équeutez et coupez la courgette et le poivron en petits cubes.

• Dans une poêle, faites sauter à feu vif les légumes pendant 2 min dans un peu d'huile d'arachide. Salez et réservez.

• Préparez la farce des crépinettes : désossez les pieds de veau encore tièdes, coupez-les en petits morceaux et mélangez-les aux légumes sautés. Parsemez de poudre de combava et des herbes hachées puis mélangez à nouveau. Formez les crépinettes : étalez sur le plan de travail un morceau de crépine, déposez au centre 1/6e de la farce. Refermez bien la crépinette en évitant qu'elle ne soit trop épaisse à certains endroits. Recommencez l'opération de manière à former 6 pâtés. Réservez-les au frais pendant environ 3 heures.

• Au moment du repas, faites chauffer un peu d'huile d'arachide dans une poêle et faites dorer les crépinettes 3 min de chaque côté. Réduisez le feu et terminez la cuisson en retournant les crépinettes régulièrement pendant encore 4 min.

• Égouttez-les et dressez-les dans un plat de service. Arrosez-les d'un trait de vinaigre et parsemez-les de ciboulette ciselée.

Une bonne façon de faire manger des abats à ses clients sans les obliger à se battre avec tous les petits os du pied de veau.

Encornets à l'encre de seiche

Pour
4 personnes

- 200 g de vermicelles
- 2 pincées de piment d'Espelette
- 2 gousses d'ail épluchées
- 4 cuil. à soupe de mayonnaise
- 1 cuil. à café d'encre de seiche
- 2 beaux encornets
- 5 cl de vin blanc
- 1 branche de basilic
- Huile d'olive
- Sel

• Faites toaster les vermicelles dans un peu d'huile d'olive à la poêle, salez, ajoutez une pincée de piment d'Espelette, une gousse d'ail râpée, couvrez d'eau et laissez cuire à feu doux pendant environ 10 minutes. Mouillez régulièrement en évitant de trop cuire les vermicelles et sans les remuer.

• Râpez un peu d'ail dans la mayonnaise et ajoutez l'encre de seiche.

• Faites revenir les encornets taillés en lamelles dans de l'huile à la poêle pendant quelques minutes. Salez. Ajoutez le vin blanc, mélangez et retirez du feu.

• Déposez les vermicelles dans le fond de l'assiette, enrobez les encornets dans 4 cuil. à soupe de mayonnaise noire, déposez-les sur les vermicelles. Saupoudrez de piment d'Espelette et de feuilles de basilic ciselées.

Pour
4 personnes

Les frites de Paul

2 kg de pommes de terre (amandine ou charlotte)
2,5 l d'huile d'arachide
Sel fin

• Épluchez les pommes de terre et coupez-les en grosses frites de 1 cm d'épaisseur.

• Dans une casserole de 25 cm de diamètre, faites chauffer l'huile d'arachide. Lorsqu'elle est bien chaude, mettez les frites dedans et laissez-les cuire sans les remuer 25 à 30 min.

• Égouttez les frites, salez et servez immédiatement.

L'étrange cuisson de ces frites, délicieusement croquantes à l'extérieur et moelleuses à l'intérieur, ne doit pas vous effrayer : les frites doivent être serrées dans la casserole et cuire ainsi, sans être à l'aise et sans être remuées.
Pour Paul, ami d'Olympe, il n'y a rien de meilleur que ces frites accompagnées de beurre malaxé avec des épices et des herbes : fleur de curcuma, piment d'Espelette, coriandre et ciboulette.

Escalopes de ris de veau aux câpres

Pour
2 personnes

700 g de paume de ris de veau
2 cuil. à soupe de câpres au sel
3 cuil. à soupe de chapelure
2 œufs
4 cuil. à soupe de farine
2 cuil. à soupe de sauce soja salée
Beurre
Sel, poivre

• Faites dégorger le ris de veau pendant 3 heures dans de l'eau froide salée. Blanchissez-le dans une casserole d'eau bouillante pendant 3 min à bouillons juste frémissants. Égouttez-le et rafraîchissez-le à l'eau froide. Retirez les parties cartilagineuses et mettez-le au froid sous presse pendant 1 heure. Coupez-le en tranches de 1,5 cm d'épaisseur.

• Faites dessaler les câpres quelques minutes dans un verre d'eau. Égouttez-les, coupez-les en deux et mélangez-les à la chapelure.

• Battez les œufs dans une assiette creuse. Farinez légèrement les ris de veau, déposez-les dans les œufs battus puis dans la chapelure aux câpres.

• Dans une grande poêle ou dans deux moyennes, mettez une belle noix de beurre. Placez les escalopes dans le beurre bien chaud, laissez dorer environ 1 min de chaque côté. Faites chauffer 10 s sur chaque côté à feu vif et servez bien chaud.

• Servez avec des légumes racines en automne/hiver (topinambours rôtis à la poêle et betterave crue coupée en fines lamelles) ou avec une salade de roquette assaisonnée au printemps/été.

Cette recette coïncide avec la période où Olympe a découvert les câpres au sel. Elle les utilisait beaucoup, y compris lors de la cuisine des abats qu'elle appréciait énormément en se servant de ce petit condiment pour les saler et leur apporter ce petit goût aussi original et qu'inattendu.

Olympe, facétieuse dans un parking parisien - 2024

2

« Ma maman
m’a transmis
son goût pour l’art,
tous les arts. »

L’héritage artistique
d’Olympe

7

La vie que mène Olympe aujourd'hui est celle qu'elle a choisie. L'art culinaire s'est imposé à elle en 1973, mais ce n'était pas la voie dans laquelle elle se projetait, elle qui voulait travailler dans la mode. En plus de la passion pour la cuisine venue en la pratiquant, elle a aussi celles pour les voyages et la peinture en héritage et elle souhaite désormais leur consacrer du temps.

Après quarante ans de vie de « coupures » et peu de temps passé à la maison, elle apprécie le plaisir simple d'être chez elle, de profiter de ses journées d'inactivité et de cultiver son intérieur. L'art de vivre occupe une place de choix dans l'écosystème d'Olympe. Elle chine, fréquente assidûment antiquaires et galeristes. Rien n'est laissé au hasard dans sa façon de meubler et de décorer son refuge parisien. Comme ses précédents appartements, sujets de nombreux reportages dans des magazines de décoration intérieure.

Olympe vit la moitié de l'année à Paris dans un appartement meublé avec énormément de goût.
v

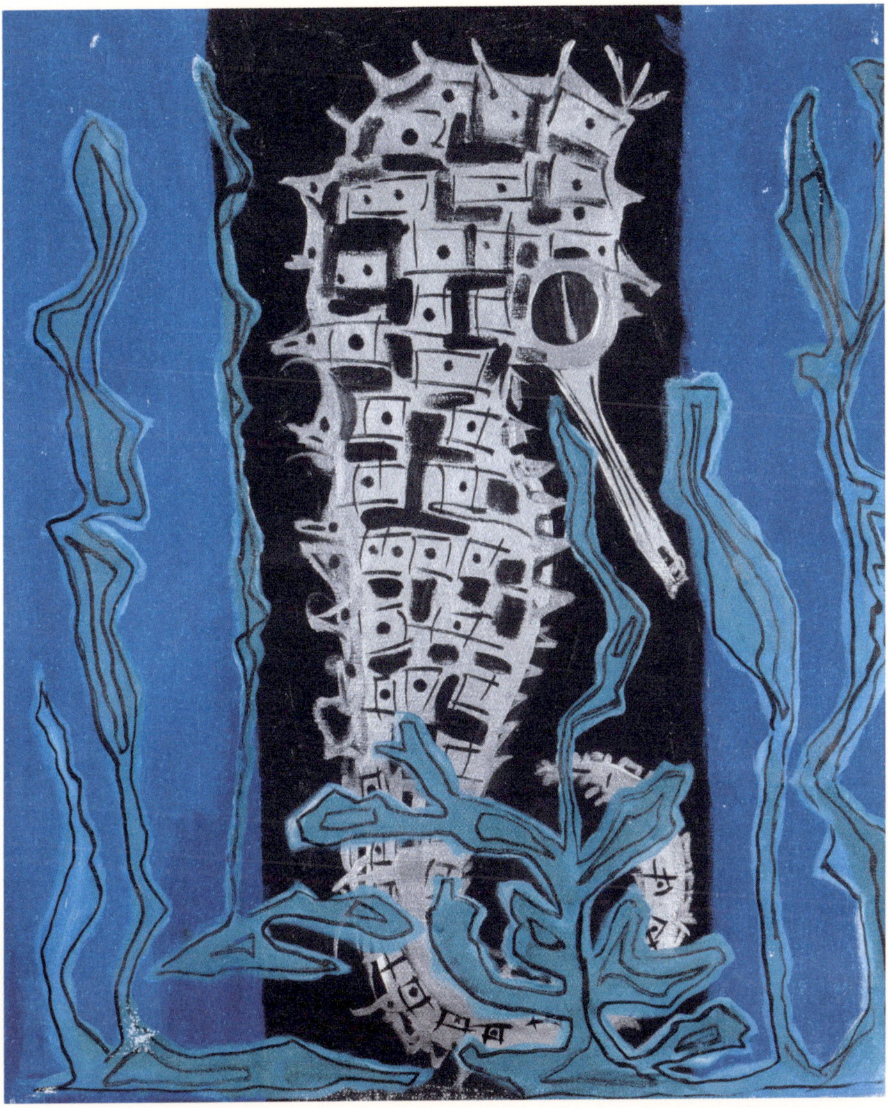

^
Peinture à la gouache
par Olympe - 2003

La passion des bijoux est quasiment née en même temps que celle de la cuisine. Jeune adolescente, Olympe chine de petits animaux en métal aux puces qu'elle monte ensuite en bijoux à l'aide de fils de métal et pièces en crochet. Ce sont ses premières créations.

<
Elle achète des pierres semi-précieuses au gré de ses voyages qu'elle transforme en bijoux.

^
Elle s'est installé un atelier
dans le Salento où elle crée
ses bijoux et peint.

Plus tard, elle rencontre Guillaume, un ami de sa fille Sarah, créateur de bijoux pour la haute joaillerie. Cette rencontre marque le début de leur complicité : elle dessine, il fabrique.

Au gré de ses voyages en Arizona ou au Nouveau-Mexique, elle achète des pierres semi-précieuses et ramasse des pierres ou des cristaux dans la nature. C'est lors d'un de ses périples dans un désert de pierres qu'elle a une illumination : le morceau d'une roche cassée qu'elle photographie lui inspire un bijou qu'elle veut impérativement réaliser. Elle demande à Guillaume de lui apprendre et l'élève se révèle plutôt douée. Elle s'est aujourd'hui aménagé chez elle un espace et outillée. Mis à part la découpe de plaques d'étain encore confiée à Guillaume, elle fabrique seule la plupart de ses pièces. Elle crée ses bijoux à partir de pierres cassées ou entières, surtout pas taillées, qu'elle expose et vend sur le compte Instagram dédié @olympeoz.

<
Le grand Hippocampe d'une série qu'Olympe vient de terminer.

>
Les finitions d'une bague

Manchette en étain qu'Olympe confie à un doreur avant de poser les pierres semi-précieuses

Olympe a sans aucun doute hérité du don artistique de sa mère. En plus de la création de bijoux et de la confection de céramiques, elle peint, réalise des collages ou dessine sur sa tablette. Plusieurs de ses peintures illustrent d'ailleurs cet ouvrage. Elle se fournit chez Sennelier qui offre à ses yeux la plus belle palette de couleurs.

La boutique du quai Voltaire a été fondée en 1887 par Gustave Sennelier.

En collaboration avec des amis peintres de l'époque, la boutique a été fréquentée par Picasso, Cézanne ou Chagall, et ce marchand de couleurs s'est employé pendant des années à concevoir des gammes de couleurs pour la peinture à l'huile, le pastel sec ou l'aquarelle. Sennelier est un lieu de rendez-vous incontournable pour les artistes et, depuis 140 ans, la maison n'a cessé de poursuivre les recherches et d'innover pour continuer de proposer aux peintres d'aujourd'hui les plus éclatantes des couleurs.

^
Pendant le confinement, Olympe s'est amusée à se grimer le visage en copiant le portrait de Dora Maar

>
Olympe chez Sennelier où elle vient faire le plein de couleurs avant de partir pour le Salento

Peintures à la gouache
par Olympe - 2004

Collage et dessin
d'Olympe - 2000

Olympe a entrepris
d'écrire un conte pour sa
petite-fille Ava et a créé
les personnages Zoizette
et M. de Grand Vert

Série de dessins
à la gouache - 2005

Elle continue évidemmment de cuisiner et imagine ses recettes du quotidien avec toujours autant d'inventivité. Elle les publie sur son compte Instagram en ajoutant systématiquement le #myrecipebyolympe pour constituer une galerie de ses réalisations.

À Paris, Olympe profite aussi de sa petite-fille Ava, fille de son fils aîné Abel, copropriétaire de salles de spectacle parisiennes et producteur de cinéma.

<
Portrait de sa fille Sarah
par Olympe - 1990

^
Abel à 15 ans

<
Sarah à 15 ans

Dans la plus pure tradition familiale, elle transmet à Ava le goût des bonnes choses et la pratique de la cuisine. Ensemble, elles font des pâtes, des gnocchis, de la pâtisserie, et profitent du temps des vacances familiales organisées par Abel et sa compagne Myriam.

Loin de Paris, sa fille Sarah dite Taz a décidé de se livrer à une passion peu commune. Installée aux États-Unis, où elle exerce son métier de directrice artistique, Taz est aussi une adepte du base-jump. Elle a réussi à allier son métier et sa passion en customisant des combinaisons adaptées à cette pratique. Quand elle ne dessine pas des tenues, elle parcourt le monde à la recherche des spots les plus fous desquels elle s'élance pour voler.

Olympe parisienne

Les adresses d'Olympe

8

^
Entre le babka pistache et le babka cannelle, le cœur d'Olympe balance

Sa quête d'excellence en matière de produits n'a pas quitté Olympe et elle choisit avec soin les lieux qu'elle fréquente dans Paris. Babka Zana est la toute première boulangerie levantine ouverte en janvier 2020 par Sarah Amouyal et Emmanuel Murat. Babka pour cette brioche tressée à pâte levée, Zana, pour le nom de la maman d'Emmanuel, grande cuisinière, auteure de livres de cuisine et amie intime d'Olympe.

Cette boulangerie est née d'un coup de cœur des fondateurs pour cette brioche découverte lors d'un voyage à Tel-Aviv. Ils ont réalisé leur rêve d'ouvrir, dans leur quartier, une boulangerie rendant hommage à leurs origines. Ils proposent des babkas à la cannelle, pistache et fleur d'oranger, mais aussi des rugelachs, des borekas et les formidables sandwichs au pain hallah inspirés de la street food telavivienne.

<
avec Emmanuel Murat,
co-fondateur
de Babka Zana

Olympe est une inconditionnelle du pain d'hier et de demain de Benoît Castel. Elle en aime à la fois l'idée et le goût. Elle a aussi un gros faible pour les babas secs qu'elle peut emporter facilement lors de son exil dans le Salento au printemps.

Aux commandes de trois boulangeries-pâtisseries dans le 20e arrondissement, Benoît Castel a fait le choix de lieux simples et conviviaux, à son image.

Très attentif aux matières premières, il ne travaille que des produits d'exception et prône la pâtisserie brute, exempte de colorants et autres ingrédients inutiles.

Artisan engagé, il milite pour une démarche anti-gaspillage, en témoigne son « pain d'hier et de demain » réalisé avec les pains invendus de la veille ou le nappage de ses pâtisseries qu'il concocte avec les trognons et épluchures de pommes.

Dernière-née de son fief de l'Est parisien, la boutique L'Alimentation où il vend des produits fabriqués chez lui : choux à farcir, confitures et sauces, viennoiseries crues (qu'il suffit de laisser gonfler la nuit pour les enfourner le matin), fonds de tarte… Toute son arrière-cuisine est ainsi accessible à ses clients.

>
Olympe, inconditionnelle du pain d'hier et de demain

Bontemps Pâtisserie est sans conteste pour Olympe la meilleure pâtisserie de Paris. Les gâteaux sont légers, peu sucrés et toujours agrémentés de fruits de saison. Elle loue aussi l'humilité de Fiona et Vincent, rare, face à la grosse tête de nombre de leurs confrères.

Cette jolie pâtisserie à la déco fleurie et poétique a été imaginée par Fiona, ex-businesswoman de la finance et gourmande invétérée, avec son mari Vincent. Grande spécialité de la maison, les petits sablés sont délicieux nature ou déclinés à la bergamote ou à la ganache chocolat. La pâte sablée légère, très peu salée avec une pointe de sel, sert aussi de base aux nombreuses tartes de saison toutes réalisées avec des matières premières d'excellence.

>
La vitrine super tentatoire
de la pâtisserie Bontemps

>
Avec Pierre Coulon dans une de ses fromageries parisiennes

De la crème double avec laquelle elle fait son beurre au vrai camembert blanc crayeux au centre et crémeux autour, Olympe aime tout à la Laiterie de Paris !

Ouverte par Pierre Coulon en 2017 dans le quartier populaire de la Goutte d'Or, cette fromagerie a été élue trois années consécutives « Coup de cœur des Parisiens » dans le cadre du label Fabriqué à Paris. C'était l'ambition initiale du fondateur : fabriquer des fromages à Paris, avec du lait bio payé au juste prix à des producteurs d'Île-de-France ou de Normandie tout en offrant une gamme de produits accessibles à tous.

Pari réussi : la petite boutique du 18e ne désemplit pas et une autre boutique a vu le jour en 2022 dans le 19e. Dans la vitrine réfrigérée, on trouve des yaourts, un formidable riz au lait et des fromages de vache ou de chèvre moulés et affinés sur place.

Dans ses différents restaurants comme à la maison, le choix de la vaisselle n'a jamais été un hasard. Olympe aime chiner et fréquente régulièrement la boutique d'Isabelle Klein aux Puces de Saint-Ouen. Tout ce que propose Isabelle rappelle son enfance à Olympe : le mobilier en bambou des maisons de bords de mer où elle allait en vacances, les céramiques de Vallauris où sa maman l'emmenait voir les potiers, les barbotines qui trônaient chez les amies de sa mère. Babellou Riviera, c'est tout ce qu'elle aime.

Isabelle Klein possède plusieurs boutiques au marché Paul-Bert. La maison Babellou Riviera est entièrement dédiée à l'art décoratif des années 1950-1960 : de la vaisselle au mobilier, des luminaires aux objets de décoration, les assiettes de Robert Picault côtoient les services Sicard, Brunner ou Grandjean-Jourdan qui ont fait les beaux jours de la céramique à Vallauris. Au cœur du marché Paul-Bert, sur le stand Babellou Cuisine, François Casal sélectionne moules en cuivre anciens, billots, trancheuses et autres accessoires des métiers de bouche, du bar à la boucherie en passant par la boulangerie. Chaque week-end, les professionnels de la restauration et chefs de cuisine viennent partager leur passion avec lui.

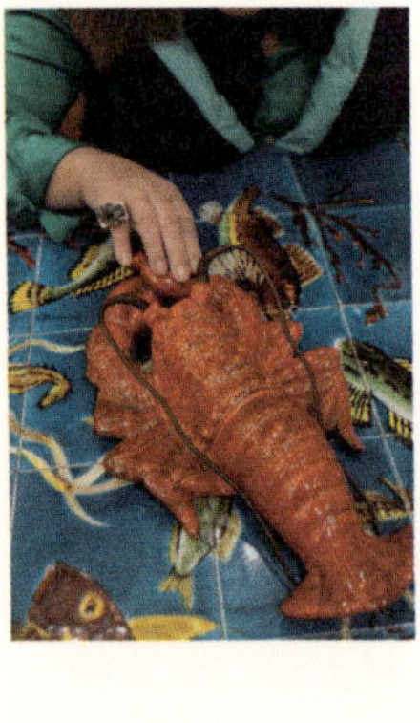

Olympe assidue des boutiques d'Isabelle Klein aux Puces de Saint-Ouen

La poêle de fer,
incontournable de la
cuisine d'Olympe qu'elle
trouve chez Dehillerin

Du temps de ses différents restaurants, Olympe a arpenté les allées de Dehillerin à la recherche d'ustensiles pour sa cuisine, elle y a aussi acheté maintes poêles en fer, idéales pour saisir viandes et légumes.

En achetant cette boutique près des Halles en 1820, Eugène Dehillerin n'imaginait sans doute pas que, plus de 150 ans plus tard, son magasin serait encore la référence de tous les professionnels de la restauration. Batteries de cuisine, moules en cuivre à l'ancienne, couteaux variés ou marmites géantes, tous les ustensiles de cuisine possibles et imaginables garnissent les étagères de cette boutique restée dans son jus et qui a fourni un nombre incroyable de chefs mais aussi L'Élysée ou le *Titanic*. Au milieu des vendeurs incollables en blouse grise, Éric Dehillerin est encore le gardien du temple familial comme son père et son grand-père avant lui.

Olympe a une affection particulière pour les couteaux japonais. Son premier lui a été offert en 1978 par le magasin Bloomingdale's de New York où elle était conviée pour inaugurer le cinquième étage consacré aux ustensiles de cuisine.

La boutique Japanese Knife Company figure parmi les premières boutiques de couteaux japonais de Paris. On y trouve une sélection des meilleurs couteaux de cuisine et accessoires japonais. Il est aussi possible de confier ses couteaux pour un affûtage ou de prendre des cours d'affûtage traditionnel.

>
Olympe et sa passion pour les couteaux japonais chez Japanese Knife Company

Olympe déteste mal manger et peu de restaurants trouvent grâce à ses yeux. Elle a donc ses habitudes dans deux d'entre eux pour ne jamais être déçue !

En plus de se rendre chez des amis chers, Olympe est sûre de se régaler lorsqu'elle déjeune ou dîne rue Paul-Bert, un de ses endroits préférés à Paris. Depuis bientôt trente ans, Bertrand Auboyneau règne en maître sur la rue Paul Bert dans le 11e arrondissement parisien. Au bistrot, il propose une cuisine 100 % française : fromage de tête, œufs mayo, steak au poivre de Sarawak ou ris de veau, élaborée avec des produits de grande qualité dans un décor de bistrot soigné. Banquettes en moleskine rouge, inscriptions murales à moitié effacées et affiches à la gloire de Jacques Tati, le *Bistrot Paul-Bert* est une institution !

Deux numéros plus loin que le vaisseau amiral, *L'Écailler* est la version marine du *Bistrot*, fondé par Gwenaëlle Cadoret en 1998. Cette digne héritière d'une famille d'ostréiculteurs depuis cinq générations fait la part belle aux produits de la mer : huîtres plates du Belon, langoustines du Guilvinec et homard bleu au Kari Gosse, recette emblématique depuis l'ouverture de l'établissement.

Lorsqu'elle avait 13 ans, Olympe allait déguster des huîtres du Belon au *Dôme* avec son père. Elle retrouve à *L'Écailler* ce goût si particulier qui lui rappelle ces moments privilégiés. Elle se régale aussi de coquillages, de crabe et d'oursins.

Les oursins de l'écailler
du Bistrot à Paris dans
le 11e arrondissement
v

>
Les Arlots à Paris dans le 10e arrondissement

Que demander de plus à un bon bistrot : une cuisine juste et savoureuse, une très belle sélection de vins, et puis le patron est corse, ça crée des liens !

Aux manettes des *Arlots* et de son voisin *Billili*, Thomas Brachet en cuisine et Tristan Renoux à la cave savent recevoir et faire plaisir à leurs nombreux clients.

Habitués ou étrangers, tous se pressent pour déguster chou farci, pâté en croûte maison, viandes de l'excellent Jean Denaux, oreilles de cochon divines ou encore la légendaire saucisse purée, le tout arrosé des trouvailles nature de Tristan.

Parmi la jeune génération de femmes chefs en cuisine, Marie-Victorine Manoa a sa préférence. Elle lui trouve un talent fou et se reconnaît dans la personnalité de cette jeune trentenaire et dans sa façon d'aborder la cuisine.

Elles ont la même passion pour les écrevisses et leur enfance à toutes les deux a été bercée par des recettes de pattes rouges ou de pattes blanches dans les cuisines des auberges familiales. Elles ont échangé leurs astuces pour cuisiner ces crustacés autour de la recette des écrevisses au curry d'Olympe.

Fille et petite-fille de restaurateurs, Marie-Victorine a toujours vu les livres d'Olympe dans la cuisine de ses aînés. C'est un nom familier qui impose le respect. Elle est devenue cuisinière à son tour, et ces livres ont tout naturellement trouvé une place de choix dans la cuisine des restaurants où elle a officié.

Pour Marie-Victorine, Olympe manque énormément au paysage de la cuisine actuelle. Elle est la cuisinière des goûts francs, elle a un parti pris sur tout qu'elle assume totalement. Elle ne trompe pas et ne se trompe pas. Elle n'a peur de rien, de personne, et l'avis des autres lui importe peu. La liberté d'Olympe est un modèle pour Marie-Victorine.

>
Olympe et Marie-Victorine Manoa - 2024

Pour
2 personnes

Écrevisses au curry

2 échalotes
500 g d'écrevisses vivantes
1 cuil. à café de curry
2 cuil. à soupe de crème fraîche
1 cuil. à soupe de persil haché
40 g de beurre
Gros sel, poivre

• Faites fondre le beurre dans une poêle et ajoutez les échalotes épluchées et ciselées et les écrevisses. Salez et poivrez. Dès que les écrevisses sont rouges, elles sont cuites. Réservez-les à part. Jetez le beurre de cuisson.

• Dans la poêle, mettez le curry, puis la crème fraîche. Faites chauffer à feu vif, puis remettez les écrevisses. Donnez deux à trois bouillons, rectifiez l'assaisonnement. Ajoutez le persil et servez.

Il faut choisir et cuisiner des écrevisses vivantes, sans les châtrer.

Poitrine de canard de Challans au cuir de poivre

Pour
2 personnes

5 cl de bouillon
4 cuil. à soupe de sauce tamari
2 gousses d'ail épluchées et coupées en petits morceaux
5 cuil. à soupe de crème double crue
1 beau magret de canard au sang
1 cuil. à café de cuir de poivre La Plantation®
1 cédrat

• Faites chauffer le bouillon, la sauce tamari et l'ail dans une petite casserole. Ajoutez la crème, portez à ébullition, laissez épaissir et réservez.

• Faites cuire le canard 7 min de chaque côté sur la braise chaude, il doit rester rosé. Coupez le magret en tranches et en biais, arrosez de sauce et saupoudrez de cuir de poivre émietté. Servez avec des tranches de cédrat rôties à la braise.

Olympe, du temps de ses restaurants, commandait ses canards à la Maison Burgaud à Challans. Elle les recevait entiers, levait les foies et accommodait le reste de la volaille de nombreuses façons et, notamment, autour d'un menu tout canard avec de la soupe, du magret fumé, des ravioles…

Pour
2 personnes

Sorbet à l'estragon

2 bouquets d'estragon
90 cl d'eau
160 g de sucre
en poudre

• Nettoyez l'estragon, ciselez-le et ne gardez que les feuilles.

• Portez à ébullition l'eau et le sucre dans une casserole pendant 10 min, laissez refroidir, ajoutez l'estragon et mixez très finement le liquide et les feuilles au blender.

• Versez dans la turbine à glace et dégustez dès que le sorbet est pris.

Tarte au citron

Pour 6 personnes

• Préparez la pâte la veille et gardez-la une nuit au frais. Mettez la farine dans un saladier. Cassez l'œuf entier au centre. Ajoutez le sucre en poudre, le sel et le beurre bien mou. Mélangez le tout sans pétrir.

• Le lendemain, préchauffez le four à 200 °C (th. 6-7). Étalez la pâte avec la main dans un moule, faites-la cuire à blanc au four pendant 7 min de manière à la dorer très légèrement.

• Râpez les citrons et conservez les zestes. Pressez les citrons et récoltez-en le jus. Dans un saladier, cassez les œufs entiers, mélangez-les avec le sucre et le beurre fondu. Ajoutez le jus et les zestes des citrons, fouettez bien l'ensemble.

• Versez cette préparation sur la pâte à moitié cuite et remettez au four 10 à 15 min environ.

Pour la pâte

400 g de farine T45
1 œuf entier
100 g de sucre en poudre
250 g de beurre bien mou
1 pincée de sel

Pour la crème

5 citrons jaunes non traités
4 œufs entiers
100 g de sucre en poudre
100 g de beurre fondu

À L'Auberge de la Source *à Méounes, la maman d'Olympe confectionnait des tartes aux pommes ou aux citrons selon la saison. Cette recette est la sienne et un clin d'œil au Palazzo Citrons d'Olympe dans le Salento.*

Pour
6 personnes

Crème caramel

- 6 œufs entiers
- 6 jaunes d'œufs
- 3 cuil. à soupe de sucre en poudre + 6 cuil. à soupe pour le caramel
- 1 l de lait cru
- 7 paquets de sucre vanillé

• Préchauffez le four à 130 °C (th. 4-5). Dans un bol, battez les œufs entiers et les jaunes avec 3 cuil. à soupe de sucre. Dans une casserole, faites chauffer le lait avec le sucre vanillé. Versez le lait chaud sur les œufs et le sucre, puis mélangez bien l'ensemble.

• Préparez le caramel : dans une casserole à fond épais, faites chauffer sur feu vif 6 cuil. à soupe de sucre avec 3 cuil. à soupe d'eau afin d'obtenir un caramel ambré.

•Versez le caramel dans un moule en l'inclinant bien de façon qu'il se répartisse sur toute la surface.

•Versez le mélange lait-œuf-sucre dans le moule à bords hauts. Placez le moule au four dans un bain-marie. Laissez cuire à 130 °C (th. 4-5), ni plus, ni moins, de 45 min à 1 heure. La lame d'un couteau doit ressortir propre et le flan doit être branlant au centre. Laissez refroidir avant de démouler.

La vie d'ailleurs, de l'Argentine lointaine aux Pouilles

Olympe voyageuse

9

Les voyages ont toujours jalonné la vie d'Olympe. Son premier grand voyage a lieu en 1966. Elle a 16 ans et son père décide de l'envoyer à Buenos Aires faire la connaissance de sa belle-mère Sylvia et de ses deux sœurs.

Le voyage se fait en bateau et, pour ces dix-huit jours de traversée, Pierre Versini confie Olympe à une dame partie retrouver son fils en Argentine. Elle a pour mission de chaperonner l'adolescente, mais peine perdue : alors qu'elles sont censées voyager ensemble en troisième classe, Olympe, toujours empreinte de liberté, fait très vite faux bond à son accompagnatrice pour voyager en première classe avec les amis qu'elle se fait à bord. Pendant le voyage, elle participe au concours pour élire la reine du bateau qu'elle remporte allègrement.

<
Olympe est élue reine de la traversée

^
Les finalistes du Concours de la Reine à bord du bateau

En Argentine où elle séjourne trois mois, elle découvre une autre cuisine et des plats qui la marquent : le locro, un ragoût traditionnel argentin à base de courge, de maïs et de haricots, auquel on ajoute parfois de la viande, et les empanadas, petits chaussons farcis de viande et de pommes de terre confectionnés en famille pour les repas de fête.

Olympe découvre aussi la façon qu'ont les Argentins de faire griller la viande sur la braise en l'arrosant de jus de citron, tradition qu'elle retrouvera plus tard en Italie.

Locro (plat traditionnel argentin)

Pour
4 personnes

- 500 g d'échine de cochon
- 1 kg de plats de côte de bœuf
- 300 g de lard fumé
- 1 oignon jaune
- 1 chorizo piquant
- 1 cuil. à café de cumin moulu
- 3 cuil. à café de pimenton
- 500 g de haricots blancs
- 500 g de maïs blanc sec ou congelés
- 1 patate douce épluchée
- 1 morceau de courge épluché
- 1 poivron rouge
- 1 poivron blanc
- 6 cébettes
- Huile d'olive
- Sel et poivre

Pour la sauce

- 1 poivron vert
- 1 poivron rouge
- 1 oignon rouge épluché
- 3 tiges de cébette
- Huile d'olive

• Coupez toutes les viandes en petits morceaux de 2 cm maximum.

• Faites revenir le lard dans un peu d'huile avec un oignon épluché et émincé, à la poêle. Ajoutez les autres viandes puis le chorizo. Remuez bien. Ajoutez le cumin et le pimenton, puis les haricots blancs et couvrez d'eau à hauteur, baissez le feu et laissez cuire environ 2 h 30. Écumez si nécessaire.

• Ajoutez le maïs, les poivrons et les cébettes, la patate douce et la courge coupées en dés en fin de cuisson, lorsque les haricots sont cuits. Salez et rectifiez l'assaisonnement.

• Préparez la sauce : émincez tous les ingrédients. Faites chauffer un peu d'huile dans une poêle et faites revenir les ingrédients à feu moyen sans les faire dorer. Mouillez avec le bouillon du locro et faites cuire 30 minutes.

• On peut diviser la sauce en deux et faire une version douce et une version additionnée de piment piquant. Ce plat se mange à la cuillère dans un bol. Il peut être préparé la veille, il sera encore meilleur réchauffé.

On peut trouver les ingrédients spécifiques à cette recette (maïs blanc et pimenton) à la Boutique péruvienne (adresse en fin d'ouvrage).

Les empanadas de Matias

Pour
4 douzaines
d'empanadas

Pour la pâte
500 g de farine ordinaire type T45
50 g de gras de bœuf
2,5 l de saumure à 7 % (eau additionnée de sel)
50 g de saindoux
1 jaune d'œuf pour la dorure

Pour la farce
500 g de basse-côte de bœuf à braiser
1 oignon jaune
5 cuil. à café de cumin moulu
3 cuil. à café de pimenton (piment doux originaire d'Amérique du Sud)
100 g de pommes de terre
1 oignon rouge épluché
4 cébettes
5 échalotes épluchées
6 œufs durs
6 gousses d'ail

• Coupez la viande en brunoise et faites-la revenir dans son gras à la poêle. Dès coloration, ajoutez l'oignon jaune coupé en brunoise. Laissez suer et assaisonnez avec le cumin et le pimenton, puis laissez reposer hors du feu.

• Épluchez les pommes de terre, coupez-les en fine brunoise et faites-les cuire dans une casserole d'eau vinaigrée (1 cuil. à soupe de vinaigre pour 1 l d'eau). Lorsqu'elles sont cuites, égouttez-les et réservez-les le temps qu'elles refroidissent.

• Hachez l'oignon rouge, les cébettes, les gousses d'ail et les échalotes et mélangez-les avec les œufs durs, eux aussi coupés finement.

• Mélangez tous les ingrédients de la farce et laissez reposer une nuit au réfrigérateur.

• Mélangez la farine, le saindoux et le gras de bœuf jusqu'à obtenir une texture sableuse. Humidifiez avec la saumure et travaillez jusqu'à obtenir la consistance souhaitée. Laissez reposer la pâte à température pendant environ 1 heure.

• Répartissez la pâte en 4 pâtons. Étalez chaque morceau de pâte au rouleau. Taillez des disques d'environ 12 cm de diamètre. Laissez reposer la pâte découpée pendant 1 heure au frais.

• Humidifiez le bord des disques avec un peu d'eau chaude. Déposez 1 cuil. à soupe de farce au centre et scellez le disque en demi-lune. Avec le pouce et l'index, faites des petits plis sur tout le bord. Réservez les empanadas 2 heures au froid pour faire durcir la graisse.

• Préchauffez le four à 210 °C (th. 7). Faites dorer les empanadas avec du jaune d'œuf et enfournez pendant 20 min en surveillant la cuisson. Retournez-les à mi-parcours. Il faut qu'ils soient bien dorés des deux côtés.

En 2007, Olympe retourne en Argentine sur le tournage d'un film que produit son fils. Elle décide qu'il lui faut une maison dans ce pays. Elle en visite deux et achète la seconde.

À compter de cette année, elle va deux fois par an à Buenos Aires, fait le tour de l'Argentine, passe du temps avec sa sœur qui habite là-bas et se fait de nombreux amis. Elle rencontre ainsi Matias, danseur de tango vivant entre la France et l'Argentine. Depuis leur première rencontre, Matias est aussi devenu cuisinier et elle aime partager des moments en cuisine avec lui.

La technique de pliage
des empanadas
v

Avec Mathias en cuisine -
2024
v

<
Sauce picanta

Pâte de gingembre à la
fleur de curcuma
v

<
Sauce chimichurri
d'Olympe

>
Sauce aux herbes et
crème de coco

Pour
6 à 8 personnes

Pâte de gingembre à la fleur de curcuma

150 g de gingembre
20 g de gousses d'ail
10 cl d'huile d'olive
5 cl d'huile d'arachide
1 petite cuil. à café de fleur de curcuma La Plantation®

• Épluchez le gingembre et râpez-le finement. Épluchez les gousses d'ail et enlevez le germe.

• Placez tous les ingrédients dans un petit hachoir et mixez jusqu'à l'obtention d'une pâte homogène.

Sauce picanta

12 piments antillais rouges, jaunes, orange ou verts (variété antillaise Bondamanjak ou italienne Cornetto)
15 cl de vinaigre d'alcool
8 cl d'huile d'olive
8 cl d'huile d'arachide

• Enlevez les graines des piments en coupant l'extrémité et en les pressant.

• Dans une casserole, portez à ébullition les piments dans un mélange composé de 15 cl d'eau et de 15 cl de vinaigre d'alcool pendant 30 s.

• Égouttez bien et mixez les piments avec 8 cl d'huile d'olive et 8 cl d'huile d'arachide.

Toutes ces sauces se conservent plusieurs semaines au réfrigérateur en veillant à ce qu'elles soient toujours couvertes d'huile. Ne pas hésiter à en ajouter si nécessaire.

Sauce chimichurri d'Olympe

3 cuil. à soupe de sucre en poudre
15 cl de vinaigre d'alcool coloré
1 poivron rouge
1 poivron vert
2 gousses d'ail
2 échalotes
2 bottes de persil plat
4 tiges de cébette
1 cuil. à café de pimenton
1 cuil. à café de thym moulu
20 cl d'huile de pépins de raisin ou d'arachide
Sel

• Versez dans une casserole 75 cl d'eau, le sucre et le vinaigre, puis portez à ébullition.

• Retirez le pédoncule, les graines et les membranes blanches des poivrons, puis coupez-les en brunoise, épluchez et ciselez finement l'ail et l'échalote.

• Versez l'eau sucrée et vinaigrée sur les légumes, ajoutez le persil et la cébette très finement ciselés. Remuez bien et ajoutez le pimenton, le thym et l'huile. Salez au goût et laissez reposer 3 à 4 heures au frais avant de déguster. Cette sauce se conserve dans un bocal fermé au frais.

Sauce aux herbes et crème de coco

1 petite botte de basilic
1 petite botte de persil
1 petite botte de coriandre
20 feuilles de menthe
2 bâtons de citronnelle
2 cuil. à soupe de crème de coco
12 cl d'huile d'olive

• Effeuillez toutes les herbes aromatiques.

• Hachez très finement la citronnelle.

• Mixez l'ensemble dans un hachoir à herbes avec la crème de coco et l'huile d'olive.

Olympe aime voyager seule, en voiture, pour aller où elle veut et s'arrêter où bon lui semble, sans programme établi, mais avec toujours le même équipement de survie : une lampe électrique, une glacière, un couteau, son oreiller, de quoi allumer des braises et une couverture de survie.

Elle est aussi à l'aise dans la chambre d'un palace que dans le coffre de sa voiture. Absolument rien ne l'arrête, surtout lorsqu'il s'agit de braver les interdits en explorant un souterrain fermé au public ou d'aller prendre des photos de lieux abandonnés au milieu de nulle part. Elle est « urbexeuse » à ses heures : l'exploration urbaine fait partie de ses activités favorites. Elle est capable de parcourir plus de 10 000 kilomètres de voiture en terre inconnue et part souvent sans idée précise, se laissant guider par le paysage et les rencontres. Les États-Unis ont longtemps été son terrain de jeux préféré.

Elle ne prend ni notes, ni adresses, juste des photos pour se souvenir des endroits qu'elle visite comme le site de la célèbre Vague du parc national américain Coyote Buttes South Arizona qu'elle atteint après quinze heures de marche en plein cagnard, mais qu'il était impensable qu'elle ne découvre pas.

Lorsqu'elle s'installe dans une ville, elle la visite dans ses moindres recoins, pas un musée, pas un édifice, pas une rue ne lui échappe, elle vit la ville à fond durant tout le temps de son séjour.

Comme en Argentine, c'est aussi sur un coup de tête qu'elle achète sa maison dans le Salento où elle vit désormais la moitié de l'année. En mars 2020, elle est en vacances dans le sud des Pouilles chez ses amis Stéphanie et Raoul. Ces aventuriers hôteliers ont eux aussi vécu en Argentine. Ils ont fait connaissance à la *Casa Olympe* à Paris et se fréquentaient aussi outre-Atlantique.

Installés dans une ancienne massiera, vaste propriété agricole typique du sud de l'Italie, qu'ils ont magnifiquement rénovée, ils accueillent Olympe pour trois jours. Le confinement s'annonce, son séjour dans le Salento va durer trois mois.

Le fils de la famille lui fait découvrir la fonction Marketplace de l'application Facebook sur laquelle elle surfe la nuit, elle qui a gardé ses habitudes de cheffe et ne trouve pas le sommeil aux heures habituelles.

Elle repère une ruine à vendre à quelques kilomètres de là qu'elle décide de visiter.

La maison la choisit, elle doit l'acheter. On est en mars 2020, le monde est à l'arrêt, elle n'a pas les fonds pour investir mais tape dans la main du propriétaire et obtient les clefs tout de suite, plusieurs mois avant la signature de l'acte de vente définitif.

Elle met sa maison d'Argentine en vente. La chance lui sourit, elle signe l'achat en Italie et vend en Amérique du Sud le lendemain. Tout se fait à distance, elle laisse à sa sœur le soin de gérer la vente. La ruine est à elle, les travaux peuvent démarrer. Le jardin regorge d'agrumes : la demeure s'appellera le Palazzo Citrons.

<

La masseria de Stéphanie
et Raoul dans le Salento

^
La salle à manger
du Palazzo Citrons

Lustre en verre
de Murano
v

>
La chambre rose

Et le chantier est de taille : il n'y a qu'un four à bois dans la cuisine, un dédale de pièces entoure un patio à l'abandon, il n'y a pas de tout-à-l'égout… Mais rien n'arrête Olympe.

Elle s'installe à nouveau chez ses amis voisins et se rend quotidiennement sur le chantier. Elle a la chance d'avoir fait la connaissance de Michel, un Belge installé dans les Pouilles, professeur de français à l'université de Lecce. Interprète à ses heures, c'est lui qui a traduit l'acte de vente chez le notaire. Ils deviennent amis et Michel lui présente les différents entrepreneurs qui transforment la ruine en palais. Elle fait régulièrement des allers-retours entre Paris et Vernole, au volant de sa Fiat Panda, pour rapporter mobilier et éléments de décoration au Palazzo, même si la majorité des meubles est chinée sur place chez l'antiquaire des antiquaires comme elle aime l'appeler. Inspirée par le baroque local, Olympe a choisi de créer un univers exubérant : meubles en bois doré, miroirs et luminaires flamboyants, tapisseries au mur et terrazzo au sol, lustres de Murano au plafond, le tout est ponctué de quelques pièces des années 1950, période chère à Olympe.

Francesco Gemma lui a grand ouvert les portes de son entrepôt. Dans 2000 m² d'anciens séchoirs à tabac qui ne sont habituellement pas ouverts aux particuliers, Olympe a acheté une grande partie du mobilier du Palazzo Citrons.

<
Détails baroques
du Palazzo Citrons

>
Tapisserie « Le Jardinier »
de Robert de Bièvre

Céramique Monique Brunner
Potière à Vallauris dans les années 1950, c'est là qu'elle rencontrera son mari suisse Kurt Brunner avec lequel elle fondera La Poterie du Verseau. Jusqu'à leur retraite en 1988, ils ont énormément produit pour l'étranger mais aussi pour les restaurants de la région. Leur style se caractérisait par des motifs de rascasse, homard ou oursin, ou parfois de fleurs dans des tons rouge orangé.

Le patio du Palazzo
Citrons

La maison l'a choisie mais cette région aussi. C'est un retour aux sources et à ses origines italiennes. Et puis quelques signes interpellent Olympe : les premières lettres de Vernole sont les mêmes que celles de son patronyme, son voisin s'appelle Olympio et, à 20 mètres de chez elle, un ancien avocat a ouvert un restaurant gastronomique, *Don Fausto*, qu'elle aime fréquenter. (voir plus bas).

Dans le sud des Pouilles, le Salento occupe le talon de la botte, bordé de la mer Adriatique sur sa côte est et de la mer Ionienne à l'ouest. Destination prisée des Italiens, elle n'est pas encore autant envahie par les touristes que la terre des trulli entre Alberobello et Brindisi. Elle cumule cependant de nombreux atouts : des villes baroques et des villages classés parmi les plus beaux d'Italie, un littoral splendide offrant falaises, grottes, plages de sable et eaux transparentes, un ensemble souvent balayé par le vent apportant une fraîcheur bienvenue pendant la canicule estivale.

Dans la petite ville de Vernole, l'architecture de certaines maisons laisse penser que le temps s'est arrêté au milieu des années 1950.

Le Palazzo Citrons est au centre du Salento et permet de profiter facilement de quelques sites remarquables.

Capitale de la région, Lecce est une ville baroque et charmante un peu trop envahie par les touristes au goût d'Olympe. Il n'en demeure pas moins que c'est une ville très vivante dotée d'un opéra et de trois théâtres appréciés par les Italiens, fervents amateurs de musique. C'est aussi une ville jeune compte tenu des nombreuses universités qu'elle accueille.

Au sud-est de Lecce, se trouve le village forteresse d'Acaya, un des endroits préférés d'Olympe dans le Salento. Elle vient y déguster d'excellents cocktails au *Café Al Castello*, situé en contrebas du château. Les couchers de soleil sur la place sont majestueux et comme les touristes semblent faire l'impasse sur ce village, la quiétude est grande lorsqu'on déambule dans les rues pavées.

Gallipoli est une petite ville de bord de mer, située sur la côte ouest du Salento, qui tient son nom du grec *Kalli polis* signifiant « belle ville ». Autrefois une île, le site est spectaculaire, entouré de murailles tombant à pic dans les eaux turquoise de la mer Ionienne et cerné de plages splendides. Il faut se perdre dans les ruelles colorées de la vieille ville et s'arrêter aux abords de la Cattedrale di Sant'Agata, vous aurez peut-être la chance d'assister à la sortie d'un mariage dans le vent…

Sur la via Christoforo Columbo, des pêcheurs à la retraite recyclent les nasses en paniers décoratifs dont Olympe se sert pour rincer salades et autres légumes.

Gallipoli accueille aussi un très beau marché aux poissons.

<

Remparts de Gallipoli

>

Le pavement de
mosaiques de la
Cattedrale de Otranto

<
Mariage dans le vent
à Gallipoli

>
Le glacier préféré
d'Olympe est à Otrante

Dans certaines villes du Salento comme à Vernole, le temps semble s'être arrêté dans les années 1950

^
Les tomates sèchent dans le patio du Palazzo Citrons

Olympe profite pleinement de sa liberté chérie dans le Salento. Elle cuisine, prépare ses câpres au sel, son limoncello ou des tomates séchées quand elle n'est pas installée dans son atelier au fond du jardin pour peindre ou créer des bijoux. Elle part régulièrement en goguette explorer « son nouveau pays », comme elle aime le nommer. Le coffre de la Fiat Panda contient de quoi faire face à toutes les situations : cueillette de fleurs dans la campagne, ramassage de légumes dans le potager des amis, récolte des figues de Barbarie pour le granité ou improvisation d'un barbecue dans les rochers.

Dans la cuisine d'Olympe,
les paniers des pêcheurs
de Gallipoli, les conserves
de câpres, de citrons,
d'artichauts ou d'olives...

Pendant les préparatifs du barbecue, un pêcheur, les poissons accrochés à la ceinture, longe les rochers. Olympe le surnomme le Joséphine Baker de la mer.

Borraccia

L'appareil magique pour cueillir les figues de Barbarie sans se piquer.

^
Au bar d'*Al Mio Caffè* avec Luigi

Olympe a rapidement identifié les commerces de bouche valables autour de chez elle. Elle a aussi pris ses habitudes dans le village. À quelques mètres du Palazzo Citrons, sur une jolie place ombragée, *Al Mio Caffè* est le rendez-vous des habitants du quartier. Au comptoir ou sur la terrasse au mobilier orange, Luigi vous sert un Café Lechese, un café allongé de *latte di mandorla*, un sirop dense et parfumé à la saveur typique de l'amande douce.

Ce café est à 20 mètres de chez Olympe. Elle y va parfois en pyjama pour observer ses aînés s'esclaffer sur les bancs voisins, mais aussi pour l'extrême gentillesse de Luigi, le patron, qui lui prépare un Café Palazzo, avec un glaçon et une rondelle de citron.

^
Les légumes au cul
du triporteur

>
Le magasin de « verdura »
dans la rue voisine de
chez Olympe

STRAVECCHIO
L'ORO D'ITALIA
Attestato di Qualità
L'ORO D'ITALIA
Menzione di Qualità
L'ORO D'ITALIA
Menzione di Qualità

<

La copeta au café
de Stella Dolciumi

Dans la ferme du domaine Cinque Santi, la famille Cucugliato fabrique des fromages selon une méthode traditionnelle depuis trois générations : caciocavalllo nature, à la truffe, fumé ou au malt de bière, pecorino, scamorza, mais aussi ricotta et chèvre frais, côtoient l'huile d'olive de la maison sur les étagères de la boutique.
Disponible tous les matins, la ricotta calda (elle est vendue encore tiède !) est un délice auquel Olympe ne résiste pas. L'occasion, au cœur de son village, d'observer les animaux de cette ferme exemplaire entretenus depuis des années par une famille de sikhs venue du Penjab.
Depuis 1881, Stella Dolciumi transforme les amandes, noisettes, pistaches ou cacahuètes des Pouilles en confiseries diaboliques. Les fruits secs, après avoir été grillés, sont figés en plaques par un voile de caramel.
La copeta aux amandes est le péché mignon d'Olympe, elle se ravitaille à chaque fois qu'elle a l'occasion de s'arrêter dans le village de Martano. C'est aussi l'occasion de s'offrir un spritz sur la place du village.

Le Salento regorge aussi d'artisans et de brocanteurs qu'Olympe fréquente régulièrement. Parmi eux, Anna Siciliano perpétue l'art du tissage transmis depuis des générations par sa famille. Le tissage du jonc a toujours été une activité pratiquée dans le village d'Acquarica, mais Anna est désormais la seule vannière encore en activité, héritière d'une tradition transmise par sa mère. Elle transforme le jonc des marais qui pousse à l'état sauvage sur les côtes du Salento en sacs, éventails, paniers et autres objets du quotidien.
La finesse du tressage d'Anna fascine d'autant plus Olympe qu'elle mesure la patience, elle qui n'en a pas beaucoup, voire pas du tout, qu'il faut pour réaliser toutes ces merveilles.

<

Les trésors du Domaine
Cinque Santi

À Alessano, l'entrepôt de Francesco est un repaire pour collectionneurs de pièces authentiques et rares du Salento, des Pouilles ou d'autres régions d'Italie. Mobilier, vaisselle, amphores, vases et objets courants racontent l'histoire du sud des Pouilles, et cet antiquaire est un formidable passeur des traditions populaires du pays.
Chez Francesco, Olympe a fait la découverte des babbaluti de Seminara en Calabre. Il s'agit de vases ou de bouteilles anthropomorphes, sculptés aux traits de personnages un peu grotesques censés éloigner les mauvais esprits.
Olympe a enfin repéré quelques restaurants à son goût et son proche voisin *Don Fausto*.
À la tête de ce restaurant gastronomique, le chef Flavio a lâché le barreau il y a 10 ans pour s'adonner à ses deux passions : la cuisine et la peinture. Tout près du Palazzo Citrons, c'est une des adresses favorites d'Olympe à Vernole.

Dans une grande bâtisse en bois évoquant la forme d'un bateau face à l'Adriatique, la carte de *Capitan Morgan* offre des produits de la mer à la bonne franquette. Poissons grillés, moules ou fritto misto (le plat préféré de sa petite-fille Ava) sont servis sur de grandes tables partagées, les pieds dans le sable, au bord de la plage de San Foca.

Les paniers tissés par Anna à partir des joncs des marais locaux
v

Brocante de la famille Lestingi à Tricase
v

La simplicité, la situation et la proximité de ce restaurant en font une des destinations favorites d'Olympe à deux pas de chez elle. Seul bémol : la vaisselle en plastique. Mais qu'à cela ne tienne : elle apporte ses verres et ses couverts.

^
Capitan Morgan, le restaurant préféré d'Ava

Au bout du bout de la botte, au-dessus d'une crique creusée dans le littoral rocheux, *Lo Scalo* est une adresse un peu plus chic pour découvrir poissons et fruits de mer locaux avec vue sur la mer.
Un emplacement formidable et des produits ultra-frais – ce qui n'est pas toujours le cas partout ailleurs – en font une autre destination incontournable des balades d'Olympe dans son nouveau pays.

Dans la petite ville de Cavallino, Olympe fréquente *Areté*, le restaurant de Mirko Elia. De bonnes pizzas et des spécialités régionales faisant la part belle aux viandes, un beau jardin l'été et de petites salles avec feux de cheminée l'hiver, *Areté* a une place de choix dans les adresses fétiches d'Olympe.

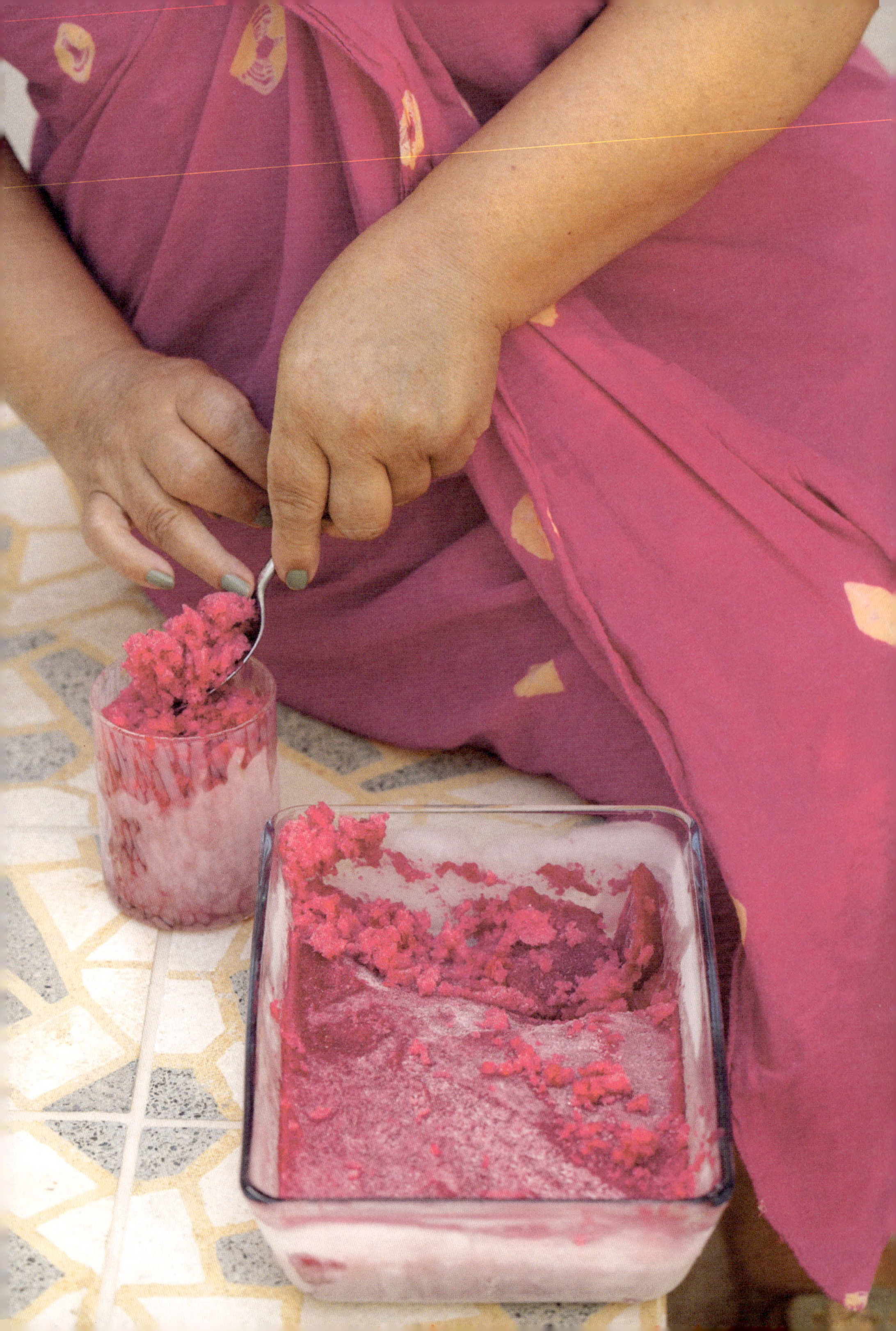

Granité de figues de Barbarie au prosecco

Pour 4 personnes

• Épluchez les figues, réduisez-les en purée au mixeur plongeant et passez-les au tamis pour retirer les graines.

• Dans un récipient, mélangez la pulpe des figues avec le prosecco, le sucre et le Campari. Remuez bien, puis versez la préparation dans un plat à gratin type Pyrex®. Placez une nuit au congélateur. Sortez le plat et grattez-le à la fourchette.

12 figues de Barbarie en fonction de leur taille
20 cl de prosecco
2 cuil. à soupe de sucre en poudre
2 cuil. à café de Campari

Cette recette est un hommage à l'art de glaner, passion à laquelle s'adonne Olympe avec joie. Sur les chemins du Salento, les figuiers de Barbarie poussent en abondance et Olympe, armée de son ustensile magique pour les cueillir (photo page 279), a imaginé cette recette après en avoir rempli un plein panier !

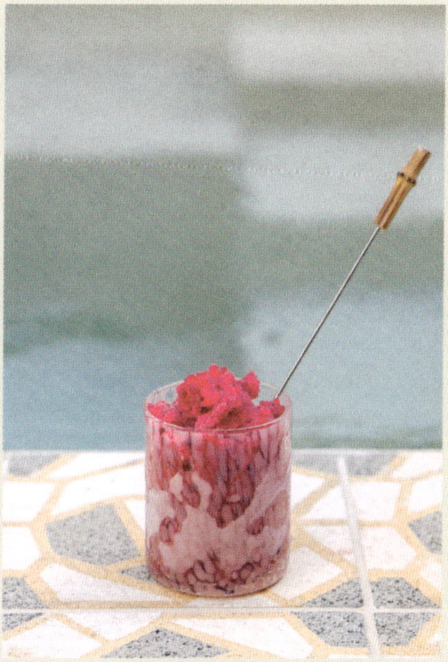

Pour
4 personnes

Haricots à la vernolèse

400 g de haricots secs italiens de type Fagioli del Purgatorio
4 tomates fraîches
1 aubergine blanche
4 poivrons longs de type Friggitelli
Huile d'olive
Sel, poivre

• Faites tremper les haricots une nuit au réfrigérateur.

• Mettez les haricots dans un poêlon avec de l'eau et faites-les cuire à 80 % du temps indiqué sur le paquet.

• Passez les tomates crues au mixeur avec un peu de sel, de poivre et d'huile d'olive. Laissez cette préparation reposer au frais environ 2 heures.

• Rincez l'aubergine sous l'eau froide, équeutez-la, coupez-la en cubes et faites-la cuire avec les haricots.

• Faites sauter les poivrons coupés en rondelles dans un peu d'huile d'olive à la poêle.

• Au moment de servir, versez le coulis de tomates crues dans les haricots chauds et ajoutez les poivrons.

Un jour, son ami Michel est arrivé chez elle avec une aubergine blanche qu'il lui a offerte comme une offrande. Ce trésor méritait une recette, c'est ainsi que sont nés les haricots à la vernolèse…

Les friselles d'Olympe

Pour
4 personnes

- 4 tomates rouges et jaunes bien mûres
- Huile d'olive
- 4 friselles de grano duro
- 1 gousse d'ail pelée
- Eau minérale
- Basilic
- Sel, poivre du moulin

• Préparez un coulis avec les tomates crues, de l'huile d'olive et du sel. Mixez au blender et réservez au frais minimum 2 heures. « Il faut esquicher les tomates et bien les saler pour faire ressortir leur goût et les laisser macérer dans leur eau. »

• Frottez 4 friselles avec une gousse d'ail. Humidifiez chaque friselle à la main avec de l'eau minérale et cassez-les en morceaux grossiers.

• Versez le coulis de tomates sur ces morceaux, mélangez bien, ajoutez des feuilles de basilic, poivrez et laissez reposer 15 min avant de consommer.

La friselle est un pain sec et dur réalisé avec de la farine de blé, spécialité du Salento. On le trouve dans les épiceries italiennes. Olympe a imaginé sa propre recette en réalisant un vrai coulis de sorte que les friselles s'imbibent davantage que dans la recette traditionnelle.

Pour
4 personnes

Linguine, burrata, fleurs de courgette

2 petites courgettes
400 g de linguine
150 g de tomates
 cerise jaunes
2 boules de burrata
8 fleurs de courgette
Huile d'olive
Beurre
Sel, poivre du moulin

• Faites revenir les courgettes coupées en rondelles dans un peu d'huile d'olive à la poêle.

• Faites cuire les linguine pendant 3 min 15 dans une casserole d'eau bouillante salée (inutile de mettre une trop grande quantité d'eau).

• Faites fondre 30 g de beurre dans une sauteuse, attrapez les pâtes à la pince sans trop les égoutter et jetez-les dans la sauteuse, puis versez 3 petites louches d'eau de cuisson. Ajoutez les rondelles de courgettes et les tomates cerise jaunes crues coupées en deux. Salez et remuez sans cesse pendant environ 2 min en ajoutant de l'huile de d'olive et l'eau de la burrata.

• Découpez la burrata en deux et posez-la sur les pâtes.

• Hors du feu, découpez grossièrement les fleurs de courgette sans le pistil au-dessus de la sauteuse et mêlez l'ensemble. Poivrez et servez chaud.

Ras le bol de la tomate mozzaburrata classique, Olympe préfère l'accommoder différemment, l'occasion de s'approvisionner à la Masseria Cinque Santi de son village (voir page 283).

Mérou aux deux fenouils

Pour 6 personnes

1 mérou entier d'environ 2,5 kg, vidé et écaillé
Quelques branches de fenouil sauvage
2 gros fenouils
Environ 15 tomates cerise
2 citrons jaunes non traités
2 cuil. à soupe de poudre Grande Caravane Rœllinger®
15 cl de vin blanc
Huile d'olive
Gros sel non traité, sel, poivre

• Salez et poivrez l'intérieur du mérou et remplissez-le de fenouil sauvage coupé en morceaux et de vert de fenouil.

• Coupez chaque fenouil en 6 morceaux.

• Déposez le mérou dans un plat allant au four. D'un côté du poisson, déposez les morceaux de fenouil et de l'autre les tomates cerise.

• Coupez le citron en rondelles, mettez-en une partie dans le ventre du poisson et le reste sur le poisson. Salez l'ensemble au gros sel de mer non traité, puis arrosez d'huile d'olive.

• Préchauffez le four à 200 °C (th. 6-7).

• Parsemez de poudre Grande Caravane®. Enfournez, laissez cuire 15 min, puis versez 15 cl de vin blanc sur le poisson. Poursuivez la cuisson pendant 30 min. Éteignez le four et laissez reposer 10 min avant de déguster.

• Dressez sur un grand plat avec le fenouil autour, écrasez les tomates dans le jus et servez le poisson avec le jus dans une saucière à part.

Pour
4 personnes

Orecchiettes aux pois chiches et au curcuma

300 g de pois chiches secs
2 feuilles de laurier
3 gousses d'ail épluchées
400 g d'orecchiettes
1 cuil. à café de fleur de curcuma La Plantation®
Huile d'olive
Sel, poivre du moulin

• Faites tremper 300 g de pois chiches de l'année dans de l'eau et placez-les une nuit au frais. Faites-les cuire avec deux feuilles de laurier entre 45 minutes et 1 heure.

• Partagez les pois chiches en deux et réduisez une des moitiés en purée avec 3 cuil. à soupe d'huile d'olive.

• Dans une sauteuse, mélangez la purée de pois chiches, les pois chiches, 3 gousses d'ail coupées en morceaux et réservez.

• Faites bouillir de l'eau salée dans une casserole et faites cuire les orecchiettes *al dente*. Égouttez-les en gardant un peu d'eau de cuisson, puis versez-les dans la sauteuse et réchauffez à feu moyen, salez et saupoudrez de 4 pincées de fleur de curcuma.

• Dressez dans les assiettes préchauffées et poivrez. Arrosez d'un filet d'huile d'olive et servez immédiatement.

Les orecchiettes, petites pâtes en forme d'oreilles, sont une spécialité des Pouilles. Les meilleures selon Olympe sont celles de la marque Benedetto Cavalieri. La Plantation, ferme familiale et équitable implantée au sud du Cambodge, produit de nombreuses épices et les différentes variétés du poivre local de Kampot (adresse en fin d'ouvrage).

Les étapes de la préparation de la recette des rougets « je sais pas » page 303

Rougets « je sais pas »

Pour
4 personnes

• Écaillez et videz les rougets, levez les filets de 4 rougets et laissez les autres entiers.

• Nettoyez la puntarelle et blanchissez-la 2 min.

• Faites revenir des tomates coupées en deux avec de l'ail dans de l'huile d'olive, à la poêle, jusqu'à ce qu'elles s'assèchent. Réservez un peu d'ail pour la cuisson de la puntarelle.

• Réalisez un bouillon dans une casserole avec les têtes de poissons, le safran et le vin blanc pendant 10 min.

• Faites revenir la puntarelle bien essorée dans une poêle avec de l'huile d'olive et un peu d'ail pressé.

• Filtrez le bouillon dans la poêle qui contient les tomates. Faites chauffer et, lorsque le jus a disparu, arrêtez la cuisson. Idem pour la puntarelle.

• Faites cuire les gnocchis sardes *al dente* dans une casserole d'eau. Faites cuire les poissons entiers quelques minutes à la poêle avec un filet d'huile d'olive et déglacez-les au vinaigre.

• Posez les filets crus sur les tomates très chaudes, en commençant par le côté peau puis en les retournant au bout de 1 min.

• Égouttez les gnocchis à l'écumoire et déposez-les sur les tomates avec quelques gouttes d'eau de cuisson. Remuez sans abîmer les filets de rouget.

• Dressez dans des assiettes individuelles en commençant par les filets de rouget, ajoutez les poissons entiers, les gnocchis à la tomate et terminez avec la puntarelle.

8 rougets
1 à 2 puntarelle selon leur taille
4 tomates
2 gousses d'ail épluchées et pressées
1 pincée de safran
1,5 l de vin blanc
300 g de gnocchis sardes (variété de pâte sèche)
1 cuil. à soupe de vinaigre de vin
Huile d'olive
Sel, poivre

Recette inédite, à l'instinct, jamais faite avant !

Boulettes de bœuf crues et cuites

Pour 4 personnes

- 1 oignon rouge épluché
- 2 poivrons verts longs et fins
- 700 g de bœuf haché
- 1 œuf entier + 1 jaune d'œuf
- 1 botte de persil plat
- 1 botte de menthe
- 2 cuil. à soupe de câpres au vinaigre
- Quelques gouttes de Tabasco® selon le goût
- Du pain sec trempé dans de l'eau
- 1 cuil. à café de cumin moulu
- Le jus de 1 citron jaune
- Herbes aromatiques pour la salade (persil, coriandre, ciboulette, cerfeuil)
- Huile d'olive
- Sel et poivre

• Coupez l'oignon et les poivrons en petits cubes, puis faites-les revenir dans une poêle avec de l'huile d'olive sans coloration.

• Dans un récipient, mélangez la viande avec 2 jaunes d'œufs (réservez le blanc), 2 cuil. à soupe de persil haché, 1 cuil. à soupe de menthe hachée, 2 cuil. à soupe de câpres au vinaigre, du Tabasco®, 2 cuil. à soupe d'huile d'olive, les oignons et les poivrons.

• Séparez la viande en deux parties, façonnez des petites boulettes avec une partie et réservez-la au frais.

• Essorez l'équivalent de 4 cuil. à soupe de mie de pain et mélangez-les avec l'autre moitié de viande. Ajoutez le blanc d'œuf, le cumin et le jus de ½ citron. Malaxez bien l'ensemble de sorte que le pain soit bien mélangé au reste. Rectifiez l'assaisonnement.

• Façonnez des petites boulettes avec cette préparation et faites-les rapidement cuire à la poêle dans un peu d'huile d'olive.

• Servez les boulettes cuites et crues sur une salade d'herbes assaisonnée d'huile d'olive et du jus de citron restant.

Les boulettes sont toujours proposées cuites alors que les ingrédients qui les composent sont tout aussi comestibles crus. Olympe trouve amusant et original de proposer les deux versions dans une même assiette.

Pour
2 personnes

Pan Salento

1 foccacia de qualité achetée chez un boulanger ou faite maison
4 petits cœurs d'artichauts
1 cuil. à soupe de câpres
2 œufs durs écalés et coupés en morceaux
1 petite boîte de thon à l'huile d'olive
1 petite courgette équeutée et coupée en morceaux
4 feuilles de basilic
Vinaigrette

- Mélangez tout et dressez sur le pain comme un pan-bagnat.

Postface

En 1993, je me suis acheté mon premier livre de cuisine. Un livre de chef, mais qui semblait accessible à la jeune cuisinière de 23 ans que j'étais.

Ce livre, c'était *Ma cuisine de A à Z* d'Olympe. Ce prénom, je l'avais entendu dans la cuisine de mon père. Son premier livre, *La Cuisine d'Olympe*, trônait sur les étagères. Papa faisait la salade d'artichauts aux écrevisses, maman le gâteau de noix au miel…

Olympe fait partie intégrante de la culture gastronomique que mon père m'a transmise.

Au fil des années, j'ai acquis tous ses livres et reproduit bon nombre de ses recettes.

Elle m'accompagne depuis toujours dans ma vie de cuisinière et je suis fière d'avoir pu raconter son histoire à travers cet ouvrage.

Merci, Olympe, pour l'immense confiance que tu m'as accordée en te confiant, en me confiant tes souvenirs et en me laissant la liberté de te raconter comme je le souhaitais.

Anne Etorre

>
Anne Etorre et Olympe
à Toulon - Avril 2024

CASTEL

>
Escarpins réalisés
sur mesure pour Olympe
par Céleste Mogador

Remerciements d'Anne Etorre

Merci à Claire Curt, complice indispensable de ce livre, pour son œil si pertinent sur l'univers d'Olympe et ses photos remarquables.
Merci à Lisa Grall d'avoir cru en ce projet un peu fou et de m'avoir donné la chance de rendre hommage d'une si belle manière à Olympe.
Merci à l'équipe de Hachette : Catherine Saunier-Talec pour la confiance, Marie Naudet pour l'accompagnement attentif, Nicolas Gallois pour la direction artistique si juste.
Merci à Monique Duveau et José Esteves, formidables hôtes à l'origine de ma rencontre avec Olympe, sans lesquels ce livre n'existerait sans doute pas !
Merci à Zana Murat pour son amitié et sa présence précieuses tout au long de ce projet.
Merci infiniment Paul Rassam et Francis Ford Coppola pour votre contribution à cet ouvrage.
Merci à vous tous qui m'avez raconté Olympe : Patricia Bénichou, Dominique Blin, Patrick Druart, Alain Dutournier, Jean-Paul Frétillet, Miguel Gonzalez, Marie-Victorine Manoa, Jacques Maximin, Éric Morin, Albert Nahmias, Janine Raynaud, Ève Ruggieri, François Ruggieri, Guy Savoy, Yves Camdeborde, François Simon.
Merci à mes parents d'avoir mis Olympe sur mon chemin d'adolescente rebelle.
Merci Christophe, Juliette et Joseph d'avoir adopté Olympe !

Remerciements de Claire Curt

Merci à ma chère Anne Etorre d'être une cheffe d'orchestre de haut vol, merci pour son amitié, sa confiance, et cette merveilleuse idée de m'avoir embarquée dans l'aventure avec Olympe.
Déambulation, découverte, liberté à pleines mains qu'il a fallu embrasser avec l'appareil photo. Pas de plan photographique pré-établi, regarder, ressentir et attraper la force et la fougue. C'était divin.
Merci, chère Olympe, de ces semaines de road photo-movies, de vie joyeuse et pétillante, merci de nous avoir fait découvrir tous tes talents insatiables, ce bouillon savoureux et tourbillonnant. Merci chère Lisa Grall, chère Marie Naudet, chère Catherine Saunier-Talec, nos éditrices attentionnées et confiantes qui permettent à ce beau grimoire d'exister. Merci aux tendres et proches qui par l'amour permettent l'inspiration du beau.

Carnet d'adresses d'Olympe

Paris

Épices Rœllinger
51 bis, rue Sainte-Anne
75002 Paris
www.epices-roellinger.com

Poivres La Plantation
www.laplantation.com

Poissonnerie Chez Julien
& Marielle
107, rue de Charonne
75011 Paris

Babka Zana
65, rue Condorcet
75009 Paris

Benoît Castel
11, rue Sorbier
75020 Paris

Bontemps Pâtisserie
57, rue de Bretagne
75003 Paris

E. Dehillerin
18-20, rue Coquillière
75001 Paris

Laiterie de Paris
74, rue des Poissonniers
75018 Paris

Le Paul Bert
18, rue Paul-Bert
75011 Paris

L'Ecailler du Bistrot
22, rue Paul-Bert
75011 Paris

Les Arlots
136, rue du Faubourg-Poissonnière
75010 Paris

Restaurant Épicure
Le Bristol
112, rue du Faubourg-
Saint-Honoré
75008 Paris

Les Merveilles de Babellou
Marché Paul-Bert
Allée 1 – Stand 12
18, rue Paul-Bert
93400 Saint-Ouen

Japanese Knife Company
13, rue de Cotte
75012 Paris
09 84 44 89 31

La Boutique péruvienne
17, rue de Picardie
75003 Paris

Sennelier
3, quai Voltaire
75007 Paris

Jérôme Moirot
Le Moulin aux écrevisses
Route de Vaucouleurs
52300 Thonnance-lès-Joinville

Salento

Don Fausto
Via A Doria 10,
73029 Vernole

Hostaria Areté
Strada Provinciale Cavallino
Caprarica Cavallino

Masseria Cinque Santi
Via Prov. Le Per Lecce
73029 Vernole

Anna Siciliano
Via Puglia 14
73040 Acquarica del Capo

Captain Morgan
Via Lungomare Matteotti
73026 San Foca

Lo Scalo
Via A. Vespucci
73031 Marina di Novaglie

Al Mio Caffè
Piazza Vittorio Veneto 8
73029 Vernole

Stella Dolciumi
Via Conciliazione 76/78
73025 Martano

Brocante de Francesco
Lestingi à Tricase
sur RV au + 39 3920260279

Gelateria Fisotti
Largo Cavour, 8
73028 Otranto

Café Pub Al Castello
Largo Castello, 3
73029 Acaya

>
Enfant, Olympe cuisinait les côtelettes d'agneau dans la braise pendant que sa maman peignait…

58, rue Jean Bleuzen – 92178 Vanves Cedex

Pour l'éditeur, le principe est d'utiliser des papiers composés de fibres naturelles, renouvelables, recyclables et fabriqués à partir de bois issus de forêts qui adoptent un système d'aménagement durable. En outre, l'éditeur attend de ses fournisseurs de papier qu'ils s'inscrivent dans une démarche de certification environnementale reconnue.

Direction :
Catherine Saunier-Talec
Responsable éditoriale :
Lisa Grall
Responsable de projet :
Marie Naudet
Conception graphique :
Chloé Ruperto
Mise en page :
Mathilde Dubois
Relectures :
Marie-Eve Foutieau et Élodie Ther
Fabrication :
Amélie Latsch
Responsable des partenariats : Dana Lichiardopol (dlichiardopol@hachette-livre.fr)

Dépôt légal : septembre 2024
13-4331-1 /01
ISBN : 978-2-01-730400-5
Imprimé en Espagne

Index des recettes

Crédits

h = haut

b = bas

g = gauche

d = droite

© Archives personnelles d'Olympe Versini : gardes, 9, 16, 18, 19, 20, 21, 22, 23, 26, 27 (h), 28, 29, 31, 32, 34, 36, 37, 41, 42, 46, 47, 49, 53, 56, 57, 73, 75, 76, 88-89, 90, 107, 118, 123, 125-126, 140, 141, 146, 151, 155, 158, 159, 162, 163, 165, 168 (h), 177, 185, 201, 208 (g), 209, 210, 211, 212-213, 214, 215, 244, 245.

© Claire Curt : 24-25, 27 (b), 30, 38, 39, 44, 55, 58-59, 61, 62, 79, 80, 82-83, 85, 86, 94, 97, 98, 101, 102, 105, 116, 119 (g), 121, 122, 132-133, 134, 136-137, 138, 143, 144, 149, 150, 152, 166, 181, 182, 184, 186, 189, 190, 193, 194, 195-196, 200, 202, 203, 204, 205, 206-207, 208(d), 218, 219, 221, 222, 223, 224-225, 226, 227, 228, 229, 231, 233, 234, 237, 238, 241, 246, 249, 250, 251, 252, 253, 256, 258, 259, 260, 261, 262-263, 266, 267, 268, 269, 270, 271, 272, 273, 274, 275, 276, 277, 278, 279, 280, 281, 282, 283, 284, 285, 286, 287, 289, 290, 293, 294-295, 296, 299, 300, 301, 302, 303, 307, 309, 311, 315.

© INA : 115, 117, 124.

© Magazine *ELLE* n° 1511du 23 décembre 1974 © André BOUILLAUD/ELLE France : 68

© Magazine *ELLE* n°1682 du 3 avril 1978 ©Philippe LEROY/ELLE France : 67

© *New York magazine* de juin 1980 © Dan Wynn : 91, 139

© Jean-Paul Calvet pour VSD : 93, 110-111, 161

© Magazine *Gault & Millau* 1980 : 109

© Magazine *ELLE* du 5 mai 1980 © Patrick JACOB, Marie de l'harpe / ELLE France : 119 (d)

© Daniel Aron pour le magazine *Maison Française* 1989 : 129

© Magazine ELLE à Table, juillet 2004 @ Eric d'Hérouville : 168 (b), 169

© Eric Morin : 170

© Maurice Rougemont : 174, 178, 179